LA AUTORIDAD DEL CREYENTE

EDICIÓN DEL INSTITUTO / SEMINARIO

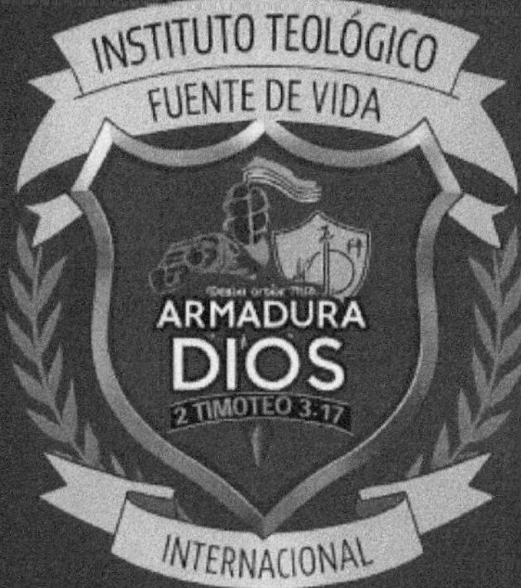

DR. GREG WOOD

INSTITUTO TEOLÓGICO
INTERNACIONAL
FUENTE DE VIDA

LA AUTORIDAD DEL CREYENTE

Viviendo y Ministrando Desde la Posición del Reino

Autor: **Dr. Greg Wood**

Editorial: **Instituto Teológico Internacional Fuente de Vida**

ÍNDICE

Citas bíblicas:

A menos que se indique lo contrario, las citas bíblicas han sido tomadas de la versión **Reina-Valera 1960 (RVR1960)**, de la Sociedad Bíblica Trinitaria.

Publicación:

Instituto Teológico Internacional Fuente de Vida

Departamento de Formación Ministerial

Edición académica y pastoral.

Dedicatoria

A mi Señor y Salvador **Jesucristo**,

cuyo poder, amor y autoridad me redimieron y me dieron propósito.

A **la Iglesia de Cristo**, cuerpo glorioso llamado a reinar en la tierra con Él.

A todos los **líderes, ministros y estudiantes del Reino**

que anhelan vivir en la plenitud del poder del Espíritu Santo

y ejercer su autoridad con humildad, compasión y victoria.

Y a mi familia, que ha sido mi apoyo constante,

recordándome que la verdadera autoridad se ejerce primero en el amor.

"Porque si sufrimos, también reinaremos con Él." **2 Timoteo 2:12**

Agradecimientos

Con profundo agradecimiento a **Dios Padre**, fuente de toda autoridad,

a **Jesucristo**, nuestro Señor victorioso, y al **Espíritu Santo**,

quien inspira, enseña y empodera a cada creyente.

Agradezco sinceramente a los **profesores, estudiantes y ministros**

del **Instituto Teológico Internacional Fuente de Vida**,

quienes con su pasión por la Palabra y la presencia de Dios

han inspirado el desarrollo de este material.

También expreso mi gratitud a mi equipo ministerial y editorial,

por su dedicación, revisión, diseño y oración constante.

A todos los que aman la verdad y desean ver el Reino de Dios manifestarse

en sus vidas, familias e iglesias:

este libro es para ustedes.

"Aquel que comenzó en vosotros la buena obra, la perfeccionará hasta el día de Jesucristo." **Filipenses 1:6**

Prefacio

En cada generación, el Espíritu Santo despierta una revelación clave que reorienta a la Iglesia hacia su propósito original.

Hoy, esa revelación es la **autoridad del creyente.**

Durante siglos, millones de cristianos han vivido bajo el peso del temor,

la derrota y la ignorancia espiritual, sin comprender que

Dios ya les ha dado poder para reinar en vida.

El enemigo prospera donde hay desconocimiento,

pero retrocede cuando el creyente **descubre su posición en Cristo.**

Este libro no es una teoría, sino una guía práctica y doctrinal

para quienes desean vivir en victoria y ministrar con poder.

Explora la autoridad restaurada por Cristo,

el papel del Espíritu Santo, las armas del creyente,

y la aplicación de esa autoridad en la oración, la guerra espiritual,

la vida ministerial y la transformación social.

Cada capítulo fue diseñado con un enfoque **académico, pastoral y vivencial**,

para seminarios teológicos, grupos de formación ministerial

y creyentes que buscan caminar en la plenitud del Reino.

Mi oración es que, al leerlo, el Espíritu Santo te ilumine y despierte una convicción inquebrantable de quién eres,

qué posees y para qué fuiste enviado.

Que tu voz se convierta en eco de la voz de Dios,

y tus pasos en evidencia de Su Reino manifestado.

Dr. Greg Wood

Autor y Maestro de la Palabra

Instituto Teológico Internacional Fuente de Vida

México, 2024

CAPÍTULO 1 - EL ORIGEN DE LA AUTORIDAD

"Hagamos al hombre a nuestra imagen, conforme a nuestra semejanza; y señoree en los peces del mar, en las aves de los cielos, en las bestias, en toda la tierra, y en todo animal que se arrastra sobre la tierra." **Génesis 1:26**

Introducción — La Fuente Suprema del Poder

Toda autoridad legítima proviene de Dios.

Él es el Creador, Legislador y Gobernante soberano del universo.

La autoridad del creyente no nace de su esfuerzo personal, sino de su posición en relación con el **Dios Todopoderoso.**

Desde el principio, Dios no creó súbditos, sino **representantes.**

Adán no fue puesto en el huerto para ser dominado por la creación, sino para **administrarla** bajo el gobierno del cielo.

Cita Destacada:

"El hombre fue hecho no para ser esclavo de la tierra, sino embajador del cielo."

1. El Propósito Original de Dios

En Génesis 1:26-28, Dios delegó al ser humano el dominio sobre toda la creación.

Esta autoridad fue un **mandato de mayordomía,** no de tiranía.

El hombre fue creado a imagen de Dios para reflejar Su naturaleza y ejercer Su autoridad en la tierra.

- La **imagen** se refiere a carácter.
- La **semejanza** se refiere a función.
- El **señorío** se refiere a responsabilidad.

Principio Clave: *La autoridad humana fue diseñada para representar el carácter divino.*

> *"La autoridad sin carácter es abuso; el carácter sin autoridad es impotencia."*

2. La Caída - La Cesión de la Autoridad

En Génesis 3, cuando Adán y Eva pecaron, no solo perdieron inocencia; **entregaron su autoridad.**

El pecado transfirió la administración de la tierra al usurpador, Satanás.

Por eso, Jesús lo llamó "el príncipe de este mundo" (Juan 12:31).

La caída no destruyó el plan de Dios, pero sí interrumpió el ejercicio legítimo de Su gobierno en la tierra.

Desde entonces, la redención se convirtió en el proceso de **restaurar la autoridad al hombre por medio de Cristo.**

Cita Destacada:

"El pecado no destruyó el propósito del hombre; solo lo desalineó."

3. La Autoridad Usurpada

Satanás no creó poder; lo **usurpó**.

Toda su operación depende del consentimiento humano.

Su autoridad es ilegítima, basada en la **ignorancia y el temor.**

El enemigo gobierna solo donde el hombre se rinde a la mentira.

Ilustración:

Si un ladrón ocupa una casa vacía, no es dueño legítimo; solo un **ocupante ilegal**.

Así es Satanás en el mundo: ocupa lo que Adán abandonó.

> *"El diablo no tiene poder propio; solo el poder que el hombre le cede."*

4. El Plan Redentor de Dios

Desde Génesis 3:15, Dios anunció la restauración de la autoridad por medio de la **Simiente de la mujer**, Jesucristo.

El Reino de Dios no es un escape del mundo, sino la **reinstalación del gobierno divino en la tierra.**

En Cristo, el hombre vuelve a ocupar su trono original de mayordomía espiritual.

Cita Destacada:

"La cruz fue el punto donde la autoridad cambió de manos."

5. Cristo — El Segundo Adán

Romanos 5:17 declara:

"Pues si por la transgresión de uno solo reinó la muerte, mucho más reinarán en vida por uno solo, Jesucristo, los que reciben la abundancia de la gracia y del don de la justicia."

Jesús vino no solo a salvar al hombre, sino a **restaurar su realeza.**

Él venció a Satanás en la tentación, la cruz y la resurrección, recuperando toda autoridad (Mateo 28:18).

Ahora esa autoridad se delega a Su Cuerpo, la Iglesia.

> "Jesús no recuperó la autoridad para guardarla, sino para compartirla."

6. La Autoridad Legal del Creyente

Efesios 2:6 enseña que hemos sido *"sentados juntamente con Él en los lugares celestiales en Cristo Jesús."*

Esto no es una metáfora; es una **posición espiritual** de gobierno.

El creyente ora desde el cielo hacia la tierra, no al revés.

Principio Clave: *Orar desde la posición correcta produce resultados correctos.*

Cita Destacada:

"La oración eficaz no sube a Dios; se pronuncia desde donde Él está."

7. La Naturaleza Delegada de la Autoridad

Dios no nos dio autoridad independiente de Él.

Toda autoridad es **delegada y derivada.**

Por eso, cuanto más nos sometemos a Su Señorío, más eficaz se vuelve nuestra autoridad.

Recuadro de Reflexión:

> "Solo quien está bajo
> autoridad puede ejercer

8. La Restauración del Reino

Jesús predicó "el Evangelio del Reino" - no solo salvación del pecado, sino restauración del gobierno divino.

Su misión fue recuperar el terreno perdido y establecer una generación de **reyes y sacerdotes** (Apocalipsis 1:6).

El Reino no está por venir; ya está en operación en los corazones de los redimidos.

Cita Destacada:

"El Reino no es geográfico; es espiritual. Donde hay obediencia, hay gobierno."

9. La Autoridad y la Responsabilidad

Con la autoridad viene la responsabilidad.

Dios no nos dio poder para dominar personas, sino para **servir y liberar.**

El liderazgo espiritual es mayordomía, no control.

Principio Clave: *El propósito de la autoridad es proteger, no oprimir.*

> "El verdadero poder se
> mide por la capacidad
> de levantar a otros."

Recuadro de Reflexión:

10. Reflexión y Discusión

1. ¿Cuál fue el propósito original de la autoridad humana en el

Edén?

2. ¿De qué manera el pecado distorsionó ese diseño?
3. ¿Cómo restaura Cristo la autoridad perdida?
4. ¿Qué significa ejercer autoridad desde los lugares celestiales?
5. ¿Por qué la sumisión a Dios es esencial para ejercer Su poder?

11. Ejercicio Ministerial Práctico

Actividad:

Invite a los estudiantes a escribir una oración declarativa de autoridad basada en Efesios 2:6 y Lucas 10:19.

Que cada uno proclame su posición en Cristo con convicción y comprensión espiritual.

Oración de Declaración:

"Padre, gracias porque en Cristo me has dado autoridad sobre toda fuerza del enemigo.

Renuncio al temor, a la duda y a la pasividad.

Me levanto en mi posición celestial y decreto que Tu Reino gobierna mi mente, mi casa y mi entorno.

Soy embajador del cielo en la tierra.

En el nombre de Jesús, ejerzo dominio con humildad y poder. Amén."

Resumen del Capítulo

- La autoridad se origina en Dios y se delega al hombre.
- El pecado entregó esa autoridad al enemigo, pero Cristo la recuperó.
- La posición del creyente es espiritual: sentado con Cristo en lugares celestiales.
- La autoridad divina se mantiene a través de la sumisión y la responsabilidad.
- El Reino de Dios es restauración del gobierno celestial sobre la tierra.

Versículo Clave para Memorizar

"He aquí os doy potestad de hollar serpientes y escorpiones, y sobre toda fuerza del enemigo, y nada os dañará."

Lucas 10:19

CAPÍTULO 2 - EL TRIUNFO DE CRISTO

"Y despojando a los principados y a las potestades, los exhibió públicamente, triunfando sobre ellos en la cruz." Colosenses 2:15

Introducción - La Victoria Que Cambió la Historia

El Calvario no fue una tragedia, sino una **transacción de poder**.

Lo que parecía derrota se convirtió en el triunfo más grande de la eternidad.

Cristo no murió como víctima, sino como **vencedor**.

En Su muerte, destruyó la autoridad del pecado; en Su resurrección, derrotó la muerte; y en Su ascensión, restituyó el dominio al creyente.

Cita Destacada:

"La cruz fue el campo de batalla donde el amor venció al poder del infierno."

1. La Batalla del Reino

Desde la caída, la historia humana ha sido un conflicto de **reinos**:

el Reino de Dios contra el reino de las tinieblas.

Satanás intentó perpetuar su usurpación, pero Dios envió a Su Hijo como **el Segundo Adán**, el Hombre celestial que restauraría la autoridad perdida.

Principio Clave: *Jesús no vino a negociar con el diablo; vino a destronarlo.*

Recuadro de Reflexión:

"El Calvario no fue una defensa; fue una invasión."

2. Cristo - El Guerrero Redentor

En la cruz, Jesús no solo soportó dolor físico; enfrentó una guerra espiritual total.

Isaías 53:4–5 declara que Él cargó nuestras enfermedades y llevó nuestros dolores.

Mientras Su cuerpo era clavado, Su espíritu **conquistaba territorios eternos.**

Cada gota de sangre fue un decreto legal:

- *Sobre el pecado:* perdón.
- *Sobre la enfermedad:* sanidad.
- *Sobre la maldición:* redención.
- *Sobre la muerte:* victoria.

Cita Destacada:

"La sangre que fue derramada no solo limpió, también reclamó jurisdicción."

3. El Despojo de los Principados

Colosenses 2:15 revela el veredicto final del conflicto:

"Despojando a los principados y a las potestades, los exhibió públicamente."

La palabra griega *apekdysamenos* significa **quitarles toda armadura y derecho legal.**

Cristo no simplemente sobrevivió al ataque; **le quitó al enemigo su autoridad.**

"En la cruz, el diablo perdió su credencial."

4. La Autoridad Transferida

Después de Su resurrección, Jesús declaró en **Mateo 28:18:**

"Toda potestad me es dada en el cielo y en la tierra."

Y luego dijo: "Por tanto, id..."

El "id" es el puente entre Su victoria y nuestra comisión.

El creyente no lucha por autoridad; **opera desde autoridad.**

Cita Destacada:

"La Iglesia no pelea por una posición de poder; pelea desde una posición de victoria."

5. La Victoria Legal y la Victoria Vital

- **Legalmente**, la victoria se completó en la cruz.
- **Vitalmente**, se manifiesta cuando el creyente la aplica por fe.

Lo que Cristo ganó judicialmente debe ser **ejecutado espiritualmente.**

El enemigo ya está derrotado, pero sigue activo donde la Iglesia permanece pasiva.

> *"El Calvario firmó el decreto; la fe lo hace cumplir."*

6. El Poder de la Resurrección

Efesios 1:19–20 describe el poder que levantó a Cristo de los muertos como el mismo que actúa en nosotros.

La resurrección fue la confirmación celestial de la victoria eterna.

Cuando el creyente camina en esa vida resucitada, **todo poder de muerte se somete.**

Cita Destacada:

"La tumba vacía es el recibo de que la deuda fue pagada."

7. La Ascensión y el Trono

Cristo no solo resucitó, sino que **ascendió** y se sentó a la diestra del Padre (Efesios 1:20–23).

Su posición es la cúspide de toda autoridad.

Desde ese trono, Él está gobernando a los asuntos del mundo y la Iglesia.

Por eso, la verdadera oración no se eleva con súplica, sino que **fluye desde el trono.**

> *"El creyente ora no desde la tierra mirando al cielo, sino desde el cielo gobernando la tierra."*

8. La Derrota Final del Enemigo

Aunque la victoria es completa, su ejecución es progresiva.

Romanos 16:20 promete:

"Y el Dios de paz aplastará en breve a Satanás bajo vuestros pies."

Cristo ganó la guerra; la Iglesia hace cumplir el veredicto.

Cada acto de obediencia, cada oración de fe y cada alma redimida es una victoria aplicada.

Cita Destacada:

"El Cristo que triunfó en el Calvario ahora triunfa a través de Sus santos."

9. El Triunfo de Cristo y la Iglesia Victoriosa

El libro de Hechos muestra una Iglesia consciente de su autoridad.

Los apóstoles no oraban por poder; caminaban en poder.

Ellos sabían que la victoria no estaba en camino; ya había sido decretada.

Esa misma conciencia debe despertar hoy.

La Iglesia que conoce su victoria, deja de reaccionar al infierno y comienza a **tomar su autoridad.**

> "El infierno tiembla cuando la Iglesia recuerda el Calvario."

10. Reflexión y Discusión

1. ¿Qué diferencias existen entre la victoria legal y la victoria práctica?
2. ¿Por qué el Calvario representa el cambio de autoridad en el universo?
3. ¿Cómo se aplica la resurrección en la vida diaria del creyente?
4. ¿Qué implicaciones tiene que la Iglesia sea el Cuerpo del Cristo exaltado?
5. ¿Qué acciones puede tomar hoy la Iglesia para hacer cumplir la victoria de Cristo?

11. Ejercicio Ministerial Práctico

Actividad:

Forme grupos pequeños de oración.

Cada grupo elegirá un área de conflicto espiritual (familia, salud, ciudad, ministerio) y proclamará sobre ella la victoria del Calvario, usando versículos de Colosenses 2 y Efesios 1.

Oración de Declaración:

"Señor Jesús, proclamamos Tu victoria total sobre el pecado, la enfermedad y toda potestad de las tinieblas.

Tu cruz canceló la deuda y Tu resurrección selló el triunfo.

Declaramos que toda oposición se somete a Tu Nombre y que la Iglesia camina en Tu autoridad.

¡El enemigo está vencido y el Reino avanza! En Tu Nombre, amén."

Resumen del Capítulo

- En la cruz, Jesús despojó y venció a toda potestad del mal.
- Su victoria legal se convierte en nuestra victoria vital por la fe.
- La resurrección y la ascensión confirman Su autoridad universal.
- El creyente no busca la victoria; vive desde ella.
- La Iglesia es la manifestación continua del triunfo de Cristo.

Versículo Clave para Memorizar

"Toda potestad me es dada en el cielo y en la tierra."

Mateo 28:18

CAPÍTULO 3 - LA POSICIÓN DEL CREYENTE EN CRISTO

"Y juntamente con Él nos resucitó, y asimismo nos hizo sentar en los lugares celestiales con Cristo Jesús." Efesios 2:6

Introducción — La Identidad que Define la Autoridad

El poder espiritual no depende del título ni del talento, sino de la **posición.**

Muchos cristianos oran desde la tierra esperando que el cielo responda, cuando en realidad el cielo espera que la tierra **actúe desde su posición en Cristo.**

La autoridad no se obtiene por esfuerzo; se **ejercita por identidad.**

Saber dónde estamos determina cómo vivimos, oramos y vencemos.

Cita Destacada:

"No pelees por una posición en Cristo; aprende a vivir desde ella."

1. La Unión con Cristo — El Misterio Revelado

El apóstol Pablo usa la frase *"en Cristo"* más de 160 veces.

No es una metáfora poética, sino una realidad espiritual.

El creyente ha sido **incorporado** al cuerpo de Cristo, hecho participante de Su naturaleza divina (2 Pedro 1:4).

Lo que Él es, nosotros somos en Él; lo que Él posee, lo compartimos por gracia.

Principio Clave: *La autoridad no se hereda por mérito, sino por unión.*

2. De la Condenación a la Coronación

Romanos 8:1 declara: "Ninguna condenación hay para los que están en Cristo Jesús."

Antes de Cristo, estábamos bajo juicio; en Cristo, estamos bajo gracia.

El tribunal del cielo ya emitió su veredicto: **"Justificados."**

Esta justificación nos restablece no solo como perdonados, sino como **coronados** (Salmo 8:5).

Cita Destacada:

"La salvación quita la culpa; la autoridad restaura la corona."

3. Sentados con Cristo — La Posición del Reino

> "El creyente no intercede desde la derrota, sino desde el

Efesios 2:6 afirma que hemos sido sentados con Él en los lugares celestiales.

Esta posición indica **descanso, gobierno y comunión.**

Mientras el enemigo lucha desde la tierra, el creyente gobierna desde el cielo.

La oración deja de ser súplica y se convierte en decreto.

4. El Concepto de "En Cristo"

En Adán	**En Cristo**
Culpa	Justicia
Muerte	Vida
Derrota	Victoria
Condenación	Gracia
Esclavitud	Libertad

Estar "en Cristo" significa cambio de jurisdicción.

Ya no vivimos bajo la ley del pecado, sino bajo la ley del Espíritu (Romanos 8:2).

Nuestra dirección espiritual cambió: **del reino de las tinieblas al Reino del Hijo.**

Cita Destacada:

"La conversión no solo cambia tu destino; cambia tu dominio."

5. La Mente Renovada - La Clave de la Posición

Aunque la posición del creyente es legalmente celestial, su **mentalidad** puede seguir siendo terrenal.

Por eso Romanos 12:2 exhorta a "*renovar el entendimiento*."

El poder se manifiesta solo en la medida que la mente se alinea con la Palabra.

El enemigo no puede cambiar tu posición, pero intentará distorsionar tu percepción.

> "Satanás no teme a quien ora; teme a quien ora sabiendo quién es."

6. Autoridad Relacional - Hijo, no Siervo

Juan 1:12 dice: "*A todos los que le recibieron, les dio potestad de ser hechos hijos de Dios.*"

La autoridad fluye de la relación, no de la religiosidad.

El siervo obedece por obligación; el hijo gobierna por identidad.

La madurez espiritual no se mide por dones, sino por comunión con el Padre.

Cita Destacada:

"Los siervos piden permiso; los hijos ejecutan propósito."

7. La Fe Posicional

La fe no busca convencer a Dios, sino **concordar con Él.**

El creyente no ora esperando que Dios venga; ora desde donde Dios ya está.

Efesios 1:3 afirma: "*Bendito sea el Dios... que nos bendijo con toda bendición espiritual en los lugares celestiales en Cristo.*"

> "La fe no crea la bendición; la activa."

8. La Armadura del Creyente Posicionado

Efesios 6 describe la armadura espiritual como una extensión de la posición en Cristo:

Parte	Representa	Fundamento
Cinturón de la verdad	Integridad	Identidad en Cristo
Coraza de justicia	Pureza	Justicia imputada
Calzado del evangelio	Movimiento	Propósito del Reino
Escudo de la fe	Protección	Confianza constante
Yelmo de salvación	Mentalidad	Seguridad eterna
Espada del Espíritu	Palabra	Autoridad verbal

Cita Destacada:

"La armadura no se viste para luchar por victoria, sino para permanecer en ella."

9. Permanecer en Cristo — Fuente de Autoridad Continua

Juan 15:5 declara: "*Separados de mí nada podéis hacer.*"

Permanecer significa habitar, no visitar.

Mientras el creyente permanece en Cristo, la autoridad fluye naturalmente.

El fruto es evidencia de conexión, no de esfuerzo.

> "La autoridad se marchita cuando la comunión se enfría."

10. Reflexión y Discusión

1. ¿Qué significa estar "en Cristo" de manera práctica?
2. ¿Por qué la mente es la principal batalla en la vida del creyente?
3. ¿Cómo se relaciona la identidad filial con la autoridad espiritual?
4. ¿Por qué la oración es diferente cuando se ora desde la posición celestial?
5. ¿Qué pasos puede tomar un creyente para vivir consciente de

su posición en Cristo?

11. Ejercicio Ministerial Práctico

Actividad:

Invite a los estudiantes a escribir una confesión diaria basada en Efesios 2:6 y Efesios 1:3.

Luego proclárenla juntos, declarando su posición espiritual.

Oración de Declaración:

"Padre, gracias porque estoy en Cristo, sentado contigo en lugares celestiales.

No vivo desde la derrota, sino desde la victoria.

Todo poder del enemigo está bajo mis pies.

Me alineo con Tu Palabra y camino en la autoridad de mi identidad.

Declaro que hoy gobierno mis circunstancias desde el trono de gracia.

En el nombre de Jesús, amén."

Resumen del Capítulo

- Estar "en Cristo" es una posición legal y relacional.
- La mente renovada es clave para manifestar esa posición.
- Los hijos gobiernan desde identidad, no desde esfuerzo.
- La fe activa lo que ya ha sido concedido en Cristo.
- Permanecer en Cristo mantiene el flujo de autoridad y fruto.

Versículo Clave para Memorizar

"Ninguna condenación hay para los que están en Cristo Jesús."

Romanos 8:1

CAPÍTULO 4 - EL NOMBRE DE JESÚS

"Por lo cual Dios también le exaltó hasta lo sumo, y le dio un nombre que es sobre todo nombre." Filipenses 2:9

Introducción - El Nombre que Representa al Reino

El Nombre de Jesús no es una fórmula mágica ni una expresión religiosa; es la **representación legal** de toda la autoridad del cielo.

Cuando el creyente ora, proclama o confronta al enemigo en ese Nombre, está ejerciendo **la firma del Reino de Dios.**

En el ámbito espiritual, el nombre equivale a presencia y poder.

Cita Destacada:

"Invocar el Nombre de Jesús no es pronunciar una palabra; es activar una posición."

1. La Exaltación del Nombre

Después de Su obediencia perfecta hasta la muerte, el Padre le concedió a Cristo el Nombre sobre todo nombre (Filipenses 2:9-11).

Ese Nombre está investido de tres dimensiones de autoridad:

1. **Celestial** — ángeles se sujetan.
2. **Terrenal** — circunstancias obedecen.
3. **Infernal** — demonios huyen.

> *"El Nombre de Jesús es el sello real del Reino de los cielos."*

2. El Nombre como Representación Legal

En la cultura bíblica, actuar "en el nombre de" alguien significaba **actuar en su lugar y autoridad.**

Cuando Jesús dijo: *"En mi nombre echarán fuera demonios"* (Marcos 16:17), otorgó a los creyentes **poder delegado**.

Usar Su Nombre equivale a portar Su firma, Su respaldo y Su poder jurídico ante el cielo y el infierno.

Cita Destacada:

"El Nombre de Jesús es la credencial celestial del creyente."

3. El Nombre y la Presencia

Mateo 18:20 declara: "Donde están dos o tres congregados en mi nombre, allí estoy yo."

El Nombre no solo representa a Cristo; **lo manifiesta**.

Cada vez que Su Nombre es invocado con fe, Su presencia se hace real.

El Nombre conecta la tierra con el cielo, y convierte la oración en **encuentro divino.**

> *"Donde se honra Su Nombre, Su presencia se manifiesta."*

4. El Nombre en la Oración

Jesús prometió: "Todo lo que pidiereis al Padre en mi nombre, lo haré" (Juan 14:13-14).

Orar en Su Nombre no es añadir una frase al final; es **alinear la voluntad humana con la voluntad divina.**

El poder de la oración no está en la emoción, sino en la **posición**.

Principio Clave: *El Nombre de Jesús es la base legal de toda oración efectiva.*

Cita Destacada:

"Orar en Su Nombre es hablar desde Su lugar."

5. El Nombre en la Guerra Espiritual

Hechos 16:18 narra cómo Pablo reprendió al espíritu de adivinación diciendo:

"Te mando en el nombre de Jesucristo que salgas de ella."

El demonio obedeció inmediatamente.

El enemigo reconoce solo un Nombre: **Jesús el Cristo.**

La autoridad espiritual no se mide por volumen, sino por **revelación del Nombre.**

> *"El infierno no teme al que grita, sino al que sabe en qué Nombre está."*

6. El Nombre como Herencia del Creyente

Hechos 3 muestra a Pedro y Juan sanando al cojo:

"En el nombre de Jesucristo de Nazaret, levántate y anda."

Ellos no oraron pidiendo, sino **declarando**.

El Nombre de Jesús es la herencia activa del creyente: una autoridad que se usa, no que se almacena.

Cita Destacada:

"El Nombre de Jesús es la llave maestra del poder del Reino."

7. La Fe en el Nombre

Hechos 3:16 explica: *"Y por la fe en su nombre, a éste ha confirmado su nombre."*

El poder no está solo en pronunciar el Nombre, sino en **creer en lo que representa.**

El Nombre de Jesús sin fe es letra; con fe, es dinamita espiritual.

> *"El Nombre libera poder solo en la medida que el [illegible]"*

8. El Respeto al Nombre

Éxodo 20:7 advierte: "No tomarás el nombre de Jehová tu Dios en vano."

El Nombre de Jesús merece **reverencia y pureza.**

No debe usarse con ligereza ni manipulación.

Cada vez que lo invocamos, debemos hacerlo con fe, santidad y propósito.

Cita Destacada:

"El Nombre que salva no debe usarse para impresionar."

9. El Nombre y la Identidad del Creyente

En Hechos 11:26 los discípulos fueron llamados **"cristianos"**, es decir, "pequeños Cristos."

Llevar Su Nombre implica representar Su carácter.

El creyente no solo usa el Nombre; **vive el Nombre.**

Somos embajadores del Cristo viviente, reflejando Su naturaleza en palabra y obra.

> *"El mayor testimonio del Nombre de Jesús es un creyente que lo encarna."*

10. Reflexión y Discusión

1. ¿Por qué el Nombre de Jesús posee autoridad en todo ámbito?
2. ¿Qué diferencia hay entre pronunciar el Nombre y actuar en Él?
3. ¿Cómo se relaciona el Nombre con la presencia de Cristo?
4. ¿De qué forma puede el creyente usar el Nombre en la guerra espiritual?
5. ¿Qué actitudes revelan verdadero respeto por el Nombre de Jesús?

11. Ejercicio Ministerial Práctico

Actividad:

Realice una sesión de proclamación y oración.

Cada estudiante declarará promesas bíblicas usando el Nombre de Jesús sobre su vida, familia y ministerio.

Luego se ministrará liberación y sanidad según Marcos 16:17-18.

Oración de Declaración:

"Padre, gracias por el Nombre de Jesús, que está sobre todo nombre.

Declaro que en ese Nombre tengo autoridad sobre toda fuerza del mal.

En el Nombre de Jesús, hablo vida, sanidad y victoria.

Nada puede resistir el poder de ese Nombre.

Hoy camino con confianza, sabiendo que el cielo respalda cada palabra pronunciada en Él.

¡Jesús es Señor! Amén."

Resumen del Capítulo

- El Nombre de Jesús representa toda la autoridad del cielo.
- Actuar en Su Nombre es ejercer Su poder delegado.
- Su Nombre manifiesta Su presencia y respaldo.
- La fe y la reverencia determinan su eficacia.
- El creyente no solo usa el Nombre: vive bajo su identidad.

Versículo Clave para Memorizar

"Y todo lo que hacéis, sea de palabra o de hecho, hacedlo todo en el nombre del Señor Jesús."

Colosenses 3:17

CAPÍTULO 5 - EL PODER DE LA SANGRE DE CRISTO

"Y ellos le han vencido por medio de la sangre del Cordero y de la palabra del testimonio de ellos." Apocalipsis 12:11

Introducción — La Línea Roja del Reino

Desde Génesis hasta Apocalipsis, corre una línea de sangre: el testimonio constante de que **sin derramamiento de sangre no hay remisión de pecados** (Hebreos 9:22).

La sangre de Cristo no es solo un símbolo religioso, sino la **base legal del Nuevo Pacto.**

Todo lo que el creyente posee; redención, sanidad, victoria, y autoridad fluye de ese sacrificio eterno.

Cita Destacada:

"La sangre de Jesús no solo perdona; establece el derecho de reinar."

1. El Principio de la Sangre

En el Antiguo Testamento, la sangre representaba **vida** (Levítico 17:11).

Cada sacrificio del altar señalaba al Cordero perfecto que vendría.

Dios no buscaba sangre animal, sino la **vida divina de Su Hijo**, que restauraría la comunión entre el cielo y la tierra.

> *"El altar de Moisés apuntaba a la cruz de Cristo."*

2. La Sangre Derramada - Acto de Redención

Jesús no murió como mártir, sino como **sustituto legal.**

Su sangre fue derramada intencionalmente como pago por la humanidad.

Efesios 1:7 declara: "*En quien tenemos redención por su sangre, el perdón de pecados.*"

El precio fue pagado completamente; no queda deuda espiritual que el enemigo pueda reclamar.

Cita Destacada:

"La cruz fue el recibo firmado con sangre."

3. La Sangre y el Pacto

En el Calvario, Cristo estableció un **Nuevo Pacto**, superior al antiguo (Hebreos 8:6).

La sangre del Cordero selló un acuerdo eterno entre Dios y el hombre.

Este pacto no depende del esfuerzo humano, sino de la fidelidad divina.

Por eso el creyente ora y vive bajo un contrato sellado con sangre.

> "La sangre garantiza lo que la gracia promete."

4. La Sangre y el Acceso a la Presencia

Hebreos 10:19 afirma: "*Así que, hermanos, teniendo libertad para entrar en el Lugar Santísimo por la sangre de Jesucristo...*"

La sangre no solo limpia el pecado; **abre el camino** a la presencia de Dios.

Lo que estaba prohibido bajo la ley, ahora es posible bajo la gracia.

El velo fue rasgado y la comunión restaurada.

Cita Destacada:

"La sangre convirtió el trono de juicio en trono de gracia."

5. La Sangre y la Victoria Espiritual

Apocalipsis 12:11 revela el arma de los vencedores:

1. La sangre del Cordero.
2. La palabra del testimonio.

3. La renuncia al temor.

El creyente vence al acusador no con argumentos, sino con **evidencia espiritual:** la sangre derramada de Cristo.

Satanás no teme al talento del creyente, pero no puede resistir la sangre que lo derrotó.

> "Donde se aplica la sangre, el enemigo pierde territorio."

6. La Sangre y la Conciencia Limpia

Hebreos 9:14 dice que la sangre de Cristo limpia nuestras conciencias de obras muertas.

No basta saber que hemos sido perdonados; debemos **vivir sin culpa.**

La sangre no solo borra el registro del pecado, también sana la memoria de la condenación.

Cita Destacada:

"El perdón elimina la deuda; la sangre elimina la vergüenza."

7. La Sangre y la Sanidad

Isaías 53:5 declara: *"Por su llaga fuimos nosotros curados."*

La redención incluye el cuerpo, no solo el alma.

La sangre que fluyó del costado de Cristo fue la medicina divina para toda enfermedad.

Cada gota proclamó: "¡Sanidad legalmente concedida!"

> "La sangre es el fundamento invisible de cada milagro visible."

8. La Sangre y la Intercesión

Hebreos 12:24 presenta la "sangre rociada que habla mejor que la de Abel."

La sangre de Abel clamó por justicia; la de Cristo clama por misericordia.

Aun hoy, la sangre tiene voz delante del trono.

Cada vez que intercedemos, esa voz se une a la nuestra y **demanda cumplimiento del pacto.**

Cita Destacada:

"La sangre sigue hablando; su mensaje es gracia."

9. La Sangre y la Comunión

Cada vez que participamos de la Cena del Señor, proclamamos Su muerte y Su victoria (1 Corintios 11:26).

No es un ritual vacío, sino una declaración judicial:

"Esta sangre todavía tiene poder."

El pan y la copa son recordatorios visibles de una victoria invisible.

> "La mesa del Señor es el tribunal donde se renueva la victoria del Calvario."

10. Reflexión y Discusión

1. ¿Por qué la sangre de Cristo es la base legal de toda autoridad espiritual?
2. ¿Qué diferencia hay entre saber que la sangre perdona y vivir bajo su poder?

3. ¿Cómo podemos aplicar la sangre sobre nuestras vidas y familias?
4. ¿Qué significa que la sangre aún "habla" delante de Dios?
5. ¿Cómo se relacionan la redención, la sanidad y la victoria con la sangre?

11. Ejercicio Ministerial Práctico

Actividad:

Guíe a los estudiantes en un tiempo de proclamación y aplicación de la sangre.

Cada participante orará aplicando la sangre de Cristo sobre su mente, familia, ministerio y nación.

Use Apocalipsis 12:11, Hebreos 9:14 y Éxodo 12:13 como textos de referencia.

Oración de Declaración:

"Declaro que la sangre de Jesús cubre mi vida, mi hogar y todo lo que me pertenece.

Por la sangre, soy redimido, protegido y libre.

El acusador no tiene derecho legal sobre mí.

Por la sangre tengo acceso a la presencia de Dios y autoridad sobre las tinieblas.

Hoy proclamo: ¡La sangre todavía tiene poder! Amén."

Resumen del Capítulo

- La sangre representa la vida divina de Cristo derramada por la redención.
- Establece el Nuevo Pacto y garantiza acceso a la presencia de Dios.
- Derrota la acusación del enemigo y limpia la conciencia del creyente.
- Es la base legal de la victoria espiritual, sanidad y comunión.
- La sangre de Jesús continúa hablando hoy en favor del creyente.

Versículo Clave para Memorizar

"Así que, hermanos, teniendo libertad para entrar en el Lugar Santísimo por la sangre de Jesucristo..." **Hebreos 10:19**

CAPÍTULO 6 - LA AUTORIDAD DE LA PALABRA DE DIOS

"La hierba se seca, la flor se marchita; mas la palabra del Dios nuestro permanece para siempre." Isaías 40:8

Introducción - La Voz Suprema del Reino

La autoridad espiritual no se sostiene sobre emociones, tradiciones o experiencias, sino sobre una sola base: **la Palabra de Dios.**

Dios no solo habla con poder; Su palabra **es poder.**

Cuando el creyente se alinea con la Escritura, su voz se vuelve un eco de la voz divina, y su autoridad es respaldada por el cielo.

Cita Destacada:

"La autoridad del creyente es tan fuerte como su sumisión a la Palabra."

1. La Palabra — La Expresión de la Voluntad de Dios

Juan 1:1 declara: *"En el principio era el Verbo, y el Verbo era con Dios, y el Verbo era Dios."*

La Palabra no solo proviene de Dios; **es Dios mismo manifestado.**

Toda autoridad legítima en la tierra y en el cielo se origina en Su voluntad expresada por medio de la Palabra.

Desconocer la Palabra es desconocer la voluntad de Dios.

> *"La Palabra escrita revela la voluntad hablada de Dios."*

2. La Palabra Inspirada e Infalible

2 Timoteo 3:16 enseña: *"Toda la Escritura es inspirada por Dios."*

La palabra "inspirada" significa *soplada por Dios.*

Esto significa que la Biblia no contiene verdad: **es la Verdad misma.**

Su autoridad no depende de aceptación humana; su poder reside en su origen divino.

Cita Destacada:

"La Palabra no se defiende; se proclama y se demuestra."

3. La Palabra Creativa

Hebreos 11:3 afirma que *"por la fe entendemos haber sido constituido el universo por la palabra de Dios."*

La Palabra no solo describe la realidad, **la crea.**

Cada decreto divino en Génesis comenzó con "Y dijo Dios..."

Cuando el creyente habla conforme a la Palabra, activa ese mismo poder creador en su entorno.

> *"Lo que Dios habla, existe; lo que tú hablas en fe, se manifiesta."*

4. La Palabra Encarnada — Cristo como la Palabra Viva

Jesús es la **Palabra hecha carne** (Juan 1:14).

En Él, la Escritura se hizo persona.

Por tanto, obedecer la Palabra es obedecer a Cristo mismo.

Toda autoridad espiritual emana del Cristo vivo que sigue hablando por medio de Su Palabra escrita.

Cita Destacada:

"La Biblia no es un libro antiguo; es Cristo hablando en tiempo presente."

5. La Palabra como Espada del Espíritu

Efesios 6:17 llama a la Palabra "la espada del Espíritu."

No es solo para información, sino para confrontación.

Cuando el creyente declara la Palabra, el Espíritu Santo la empuña como arma contra la oscuridad.

El enemigo no retrocede ante emociones, pero huye ante el **"Escrito está."**

> "El diablo no teme tu opinión, pero respeta la Palabra de Dios en tu boca."

6. La Palabra como Base de la Fe

Romanos 10:17 enseña: *"La fe es por el oír, y el oír, por la palabra de Dios."*

La fe no nace del deseo, sino de la revelación.

Cuanto más la Palabra habita en ti, más autoridad tiene tu voz en el mundo espiritual.

El creyente sin Palabra será siempre víctima de la duda.

Cita Destacada:

"La fe no ignora la realidad; la redefine conforme a la Palabra."

7. La Palabra y la Renovación Mental

Romanos 12:2 dice: *"Transformaos por medio de la renovación de vuestro entendimiento."*

La mente renovada por la Palabra deja de reaccionar al mundo y comienza a **gobernarlo.**

El cambio de pensamiento precede al cambio de circunstancia.

La Palabra no solo informa: **transforma.**

> "Tu nivel de autoridad nunca superará tu nivel de renovación."

8. La Palabra Profética

2 Pedro 1:19 llama a la Escritura "la palabra profética más segura."

Toda profecía genuina debe alinearse con la Biblia.

La Palabra escrita es la medida por la cual se juzgan todas las voces.

El creyente maduro no sigue emociones proféticas, sino confirmaciones escriturales.

Cita Destacada:

"La profecía ilumina; la Palabra dirige."

9. La Palabra y la Obediencia

Santiago 1:22 exhorta: *"Sed hacedores de la palabra, y no tan solamente oidores."*

La autoridad espiritual no está en el conocimiento, sino en la obediencia.

La Palabra no fue dada para admiración teológica, sino para **aplicación práctica.**

Cada acto de obediencia refuerza tu autoridad en el Reino.

"Obedecer la Palabra es caminar en poder."

10. Reflexión y Discusión

1. ¿Qué significa que la Palabra es la expresión de la voluntad de Dios?
2. ¿Cómo fortalece la fe el conocimiento y práctica de la Palabra?
3. ¿Por qué el "Escrito está" de Jesús fue suficiente para vencer a Satanás?
4. ¿Cómo puede la Palabra transformar la mente del creyente?
5. ¿De qué manera la obediencia a la Palabra fortalece la autoridad espiritual?

11. Ejercicio Ministerial Práctico

Actividad:

Los estudiantes deben escoger un pasaje de la Escritura que hable de autoridad (por ejemplo, Lucas 10:19 o Marcos 16:17-18).

Cada uno lo estudiará, memorizará y lo proclamará en oración diaria por siete días, observando cómo cambia su confianza espiritual.

Oración de Declaración:

"Señor, Tu Palabra es mi fundamento y mi espada.

No me guío por sentimientos, sino por lo que has dicho.

Declaro que Tu Palabra en mi boca es tan poderosa como en Tu boca.

Hablo con autoridad, actúo con fe y vivo en obediencia.

¡Tu Palabra permanece para siempre! Amén."

Resumen del Capítulo

- La Palabra de Dios es la base suprema de toda autoridad espiritual.
- Es inspirada, infalible y portadora del poder creativo de Dios.
- Cristo es la Palabra encarnada; obedecerla es obedecerle a Él.
- La fe, la renovación mental y la victoria espiritual dependen de la Palabra.
- La Palabra aplicada con obediencia produce vida, poder y transformación.

Versículo Clave para Memorizar

"Porque la palabra de Dios es viva y eficaz, y más cortante que toda espada de dos filos."

Hebreos 4:12

CAPÍTULO 7 - LA AUTORIDAD DEL CREYENTE EN LA ORACIÓN

"De cierto os digo que todo lo que atéis en la tierra será atado en el cielo; y todo lo que desatéis en la tierra será desatado en el cielo." Mateo 18:18

Introducción - La Oración como Gobierno Espiritual

La oración no es solo comunión con Dios; es **administración del Reino.**

El creyente no ora para informar a Dios, sino para **autorizar Su voluntad** en la tierra.

Cuando oramos correctamente, nos convertimos en socios activos del gobierno celestial.

La autoridad en la oración no viene de repetir palabras, sino de **representar la voluntad del Rey.**

Cita Destacada:

"La oración no cambia a Dios; cambia las condiciones para que Su propósito se cumpla."

1. La Oración - Comunicación y Delegación

Dios diseñó la oración como el medio legal por el cual el cielo interviene en la tierra.

Ezequiel 22:30 muestra que cuando no hay intercesor, la justicia divina no se ejecuta.

Por eso, **la autoridad del creyente se expresa a través de la oración.**

Cada oración de fe es un decreto legal que activa la intervención divina.

"La oración no persuade a Dios; autoriza Su movimiento."

2. Jesús, Modelo de Autoridad en la Oración

Jesús nunca oró desde la desesperación, sino desde **la posición del Hijo.**

En **Juan 11:41-43**, ante la tumba de Lázaro, dijo: *"Padre, gracias te doy por haberme oído."*

Antes de hablar al muerto, habló con el Padre.

Su oración no fue súplica, sino **confirmación de autoridad.**

Cita Destacada:

"El secreto del poder público es la comunión privada."

3. Orar Desde la Posición Correcta

Efesios 2:6 declara que estamos *"sentados con Cristo en lugares celestiales."*

Por tanto, la oración del creyente no sube; **se extiende** desde el trono.

La diferencia entre una oración eficaz y una ineficaz es **la conciencia de posición.**

Cuando sabes dónde estás, sabes cómo hablar.

> *"El trono no está lejos; está dentro del creyente en Cristo."*

4. La Oración de Petición y la Oración de Decreto

Hay oraciones que **piden**, y oraciones que **gobiernan.**

- La oración de petición busca dirección.
- La oración de decreto **ejecuta** dirección ya revelada.

Jesús dijo: *"Cualquiera que dijere a este monte..."* (Marcos 11:23).

Algunos oran al monte; otros **le hablan al monte.**

Cita Destacada:

"La autoridad no ruega; declara."

5. La Oración en el Nombre de Jesús

Juan 14:13-14 enseña que todo lo que se pide al Padre en el nombre de Jesús será hecho.

El Nombre es la **firma legal del creyente.**

Orar en Su Nombre no es un cierre ritual, sino una declaración de representación.

El Padre responde porque reconoce Su Hijo en nuestra voz.

> "Cuando oras en el Nombre de Jesús, el cielo se pone en atención."

6. La Oración Guiada por el Espíritu

Romanos 8:26-27 enseña que *el Espíritu intercede por nosotros con gemidos indecibles.*

Él conoce la voluntad de Dios y nos ayuda a orar conforme a ella.

Las oraciones más poderosas no son las más elocuentes, sino las más **inspiradas.**

La autoridad en la oración aumenta cuando dejamos que el Espíritu dirija la intercesión.

Cita Destacada:

"La oración que nace del Espíritu siempre vuelve con poder."

7. La Intercesión - Ministerio de Gobierno Espiritual

Interceder no es simplemente rogar por otros; es **ponerse en el lugar de ellos** como representante legal delante del trono.

Abraham intercedió por Sodoma (Génesis 18), Moisés por Israel (Éxodo 32), y Jesús por todos nosotros (Hebreos 7:25).

Cada intercesor actúa como **embajador judicial** del Reino, pidiendo misericordia en lugar de juicio.

> *"La intercesión es la voz del Reino negociando misericordia."*

8. La Oración Corporativa

Mateo 18:19-20 promete que donde dos se ponen de acuerdo, Dios actúa.

La unidad multiplica autoridad.

Una sola persona puede mover montañas; una iglesia unida puede **mover naciones.**

El infierno tiembla cuando la Iglesia ora unida bajo una misma fe y propósito.

Cita Destacada:

"La autoridad compartida se convierte en poder multiplicado."

9. Obstáculos a la Oración Eficaz

1. Falta de perdón (Marcos 11:25)
2. Duda e incredulidad (Santiago 1:6-7)
3. Egoísmo o motivos incorrectos (Santiago 4:3)
4. Desobediencia a la Palabra (Proverbios 28:9)
5. Falta de perseverancia (Lucas 18:1)

La autoridad en la oración requiere **corazones limpios y motivos puros.**

Donde hay pecado oculto, la conexión con el cielo se interrumpe.

> *"El cielo no respalda lo que el corazón no respeta."*

10. Reflexión y Discusión

1. ¿Qué diferencia hay entre orar desde la tierra y orar desde el trono?
2. ¿Por qué el Espíritu Santo es esencial en la intercesión efectiva?
3. ¿Qué representa orar "en el Nombre de Jesús" realmente?
4. ¿Cómo cambia la oración cuando el creyente comprende su autoridad?
5. ¿Qué prácticas pueden restaurar la pureza y eficacia en la vida de oración?

11. Ejercicio Ministerial Práctico

Actividad:

Dirija un tiempo de oración corporativa en el que los estudiantes practiquen tres tipos de oración:

1. **Petición:** Buscando dirección de Dios.
2. **Decreto:** Ordenando cumplimiento de Su voluntad.
3. **Intercesión:** Clamando por una causa o nación.

Oración de Declaración:

"Padre, gracias por el privilegio de orar como Tu representante.

Hoy declaro que oro no desde la tierra, sino desde el cielo.

En el Nombre de Jesús, ato toda obra del enemigo y desato Tu Reino.

Espíritu Santo, ora a través de mí con poder y precisión.

Que Tu voluntad se cumpla en mi vida, mi casa y mi generación.

¡Declaro que la oración del justo tiene poder y autoridad! Amén."

Resumen del Capítulo

- La oración es el canal legal del gobierno celestial en la tierra.
- Jesús modeló la oración como acto de autoridad, no solo devoción.
- El creyente ora desde los lugares celestiales, no desde la derrota.
- El Espíritu Santo guía oraciones efectivas y estratégicas.
- La unidad, la pureza y la fe fortalecen la autoridad en la oración.

Versículo Clave para Memorizar

"La oración eficaz del justo puede mucho."

Santiago 5:16

CAPÍTULO 8 - EL ESPÍRITU SANTO: FUENTE DE PODER Y AUTORIDAD

"Pero recibiréis poder, cuando haya venido sobre vosotros el Espíritu Santo, y me seréis testigos..." Hechos 1:8

Introducción — El Poder Detrás de la Autoridad

Todo lo que el creyente es y hace para Dios depende de la **presencia activa del Espíritu Santo**.

Él es la fuente, el sostén y el ejecutor del poder divino.

El Padre planea, el Hijo provee, pero **el Espíritu ejecuta**.

Sin el Espíritu, la autoridad es solo teoría; con Él, se convierte en manifestación.

Cita Destacada:

"La autoridad del creyente es el resultado de la presencia del Espíritu, no de la elocuencia del hombre."

1. El Espíritu Santo — Persona y Presencia

El Espíritu Santo no es una fuerza impersonal ni una energía mística; es una **persona divina** (Juan 14:16-17).

Él piensa, habla, enseña, intercede y guía.

Su propósito es representar a Cristo en nosotros y manifestar Su gobierno a través de nosotros.

> *"El Espíritu Santo no vino solo para estar contigo, sino para vivir en ti."*

2. El Espíritu Santo Como Continuador del Ministerio de Cristo

Jesús dependió completamente del Espíritu en Su ministerio terrenal.

Desde el bautismo en el Jordán (Lucas 3:22) hasta la resurrección (Romanos 8:11), **todo lo hizo en el poder del Espíritu Santo.**

Por tanto, si Cristo necesitó al Espíritu para ejercer autoridad, ¿cuánto más nosotros?

Cita Destacada:

"El mismo Espíritu que ungió a Jesús es el que hoy unge a Su Iglesia."

3. El Poder Prometido

Hechos 1:8 no promete solo una experiencia emocional, sino una **investidura de poder.**

El término griego *dýnamis* significa fuerza milagrosa, capacidad sobrenatural.

Este poder no es para ostentación, sino para **testimonio eficaz.**

La autoridad no se demuestra con títulos, sino con resultados.

"El Espíritu Santo no vino a entretener, sino a empoderar."

4. El Espíritu y la Autoridad Delegada

El Espíritu Santo es quien **autoriza y respalda** la autoridad espiritual del creyente.

Él distribuye dones, reparte unciones y valida ministerios.

Nadie puede operar en poder genuino si el Espíritu no lo aprueba.

La autoridad sin el Espíritu se convierte en manipulación; con el Espíritu, en administración.

Cita Destacada:

"El Espíritu no respalda la ambición humana, sino la obediencia divina."

5. La Unción — Evidencia del Poder del Espíritu

Isaías 61:1 declara: *"El Espíritu de Jehová el Señor está sobre mí, porque me ungió Jehová."*

La unción no es una sensación, sino una **habilitación sobrenatural** para cumplir propósito.

Todo ministerio sin unción se vuelve esfuerzo; con unción, se vuelve impacto.

La unción no se compra ni se imita; se recibe y se protege.

> *"La unción es la señal visible del respaldo invisible."*

6. El Espíritu Como Maestro y Guía

Juan 16:13 promete que el Espíritu nos guiará a toda verdad.

Él revela, instruye, corrige y confirma la dirección divina.

Un creyente guiado por el Espíritu no camina en confusión, sino en discernimiento.

El Espíritu no solo enseña qué hacer, sino **cuándo y cómo hacerlo.**

Cita Destacada:

"El Espíritu no solo ilumina la mente, sino que dirige los pasos."

7. El Espíritu Santo en la Guerra Espiritual

Efesios 6:17-18 vincula la Palabra y la oración "en el Espíritu."

El Espíritu revela estrategias, desmantela engaños y da discernimiento frente a ataques invisibles.

Él no solo nos protege; **nos hace ofensivos** contra las tinieblas.

Cada victoria espiritual comienza con una instrucción del Espíritu.

> *"El creyente lleno del Espíritu no reacciona; gobierna."*

8. El Espíritu y los Dones Sobrenaturales

1 Corintios 12 describe nueve dones del Espíritu: palabra de sabiduría, palabra de ciencia, fe, dones de sanidades, milagros, profecía, discernimiento de espíritus, lenguas e interpretación.

Estos dones son herramientas de autoridad para expandir el Reino.

Cuando los dones operan bajo dirección divina, revelan el gobierno de Cristo en la tierra.

Cita Destacada:

"Los dones no son trofeos; son instrumentos de dominio."

9. El Espíritu y el Carácter del Creyente

El fruto del Espíritu (Gálatas 5:22-23) muestra el carácter del Reino.

El poder sin carácter destruye; el carácter sin poder limita.

La verdadera autoridad combina ambos: **unción y fruto.**

El Espíritu no solo te hace fuerte, sino también santo.

> *"La unción abre puertas; el carácter las mantiene abiertas."*

10. Reflexión y Discusión

1. ¿Por qué es indispensable el Espíritu Santo para ejercer autoridad espiritual?
2. ¿Cuál es la diferencia entre poder natural y poder espiritual?
3. ¿Cómo se evidencia la unción del Espíritu en la vida ministerial?
4. ¿Por qué el carácter es tan importante como los dones?
5. ¿Qué papel juega el Espíritu en la guerra espiritual del creyente?

11. Ejercicio Ministerial Práctico

Actividad:

Guíe a los estudiantes en una sesión de consagración y llenura del Espíritu Santo.

Comience con adoración, lectura de Hechos 2 y oración de entrega total.

Invite a cada uno a pedir al Espíritu que reavive sus dones y restaure su sensibilidad espiritual.

Oración de Declaración:

"Espíritu Santo, bienvenido a reinar en mí.

Lléname, guíame y empodérame para representar a Cristo con poder y pureza.

Despierta los dones en mi vida y renueva mi carácter conforme a Tu fruto.

Declaro que mi autoridad proviene de Tu presencia, y mi victoria del poder de Tu unción.

Sé Tú mi Maestro, mi Consejero y mi Fuente de poder.

En el nombre de Jesús, amén."

Resumen del Capítulo

- El Espíritu Santo es la fuente de todo poder y autoridad espiritual.
- Él continúa la obra de Cristo en y a través del creyente.
- La unción valida el ministerio y destruye el yugo del enemigo.
- Los dones del Espíritu son expresiones del dominio del Reino.
- La verdadera autoridad requiere una vida llena, guiada y transformada por el Espíritu Santo.

Versículo Clave para Memorizar

"No con ejército, ni con fuerza, sino con mi Espíritu, ha dicho Jehová de los ejércitos."

Zacarías 4:6

CAPÍTULO 9 - LA AUTORIDAD DEL CREYENTE SOBRE EL REINO DE LAS TINIEBLAS

"He aquí os doy potestad de hollar serpientes y escorpiones, y sobre toda fuerza del enemigo, y nada os dañará." Lucas 10:19

Introducción - La Guerra Ganada Pero Aún en Curso

El conflicto entre la luz y las tinieblas no es una lucha entre fuerzas iguales.

Cristo **ya venció** a Satanás, pero el creyente debe **hacer cumplir** esa victoria en su esfera de influencia.

El enemigo no teme a la religión, pero sí al creyente que sabe quién es en Cristo.

La guerra espiritual no es pelear por victoria, sino **pelear desde la victoria.**

Cita Destacada:

"La autoridad del creyente no pelea por libertad; la ejerce desde la victoria del Calvario."

1. El Reino de las Tinieblas - Una Jerarquía Derrotada

Efesios 6:12 describe la estructura del enemigo:

"Principados, potestades, gobernadores de las tinieblas, huestes espirituales de maldad."

Estas son jerarquías organizadas, pero **no invencibles.**

Toda su autoridad es **usurpada**, y su poder depende de la ignorancia humana.

El creyente instruido en la Palabra se convierte en una amenaza directa para ese sistema.

> "El enemigo opera en la oscuridad; la revelación lo deja sin poder."

2. La Victoria de Cristo Sobre Satanás

Colosenses 2:15 declara que Cristo despojó a los principados y potestades, exhibiéndolos públicamente.

La derrota de Satanás fue **legal, completa y eterna.**

En la cruz, su autoridad fue anulada, y su poder quedó sujeto al Nombre de Jesús.

El diablo no teme a los símbolos cristianos; teme al creyente que aplica la verdad de la cruz.

Cita Destacada:

"El enemigo fue derrotado judicialmente en la cruz y ejecutivamente por la Iglesia."

3. La Autoridad Transferida al Creyente

Después de Su resurrección, Jesús declaró:

"Toda potestad me es dada en el cielo y en la tierra... id, pues" (Mateo 28:18-19).

Con esa declaración, **la autoridad celestial fue delegada a la Iglesia.**

El creyente actúa como embajador del Reino, con poder legal para resistir y desalojar al enemigo.

> "El infierno obedece no al creyente natural, sino al creyente posicional."

4. Armas Espirituales para un Conflicto Espiritual

2 Corintios 10:4-5 enseña:

"Las armas de nuestra milicia no son carnales, sino poderosas en Dios."

Las armas del creyente incluyen:

- La Palabra de Dios (Efesios 6:17)
- La oración en el Espíritu (Efesios 6:18)
- La sangre de Cristo (Apocalipsis 12:11)
- El Nombre de Jesús (Marcos 16:17)
- La fe (Efesios 6:16)

Cada arma opera eficazmente cuando el creyente **actúa en obediencia y fe.**

Cita Destacada:

"Las armas del Reino son invisibles, pero irresistibles."

5. El Enemigo Bajo Nuestros Pies

Romanos 16:20 declara: *"Y el Dios de paz aplastará en breve a Satanás bajo vuestros pies."*

Esta es la posición de toda autoridad espiritual: **el enemigo está debajo.**

El creyente no lucha desde abajo hacia arriba, sino desde el trono hacia abajo.

Cristo es la Cabeza; nosotros somos Su Cuerpo; y los pies del Cuerpo pisan lo que la Cabeza ya venció.

> "Si estás en Cristo, el diablo está bajo tus pies, no sobre tus pensamientos."

6. Discernimiento de Espíritus - Clave para la Victoria

Uno de los dones más necesarios en guerra espiritual es el **discernimiento de espíritus** (1 Corintios 12:10).

Sin discernimiento, la Iglesia pelea enemigos equivocados.

Este don revela la fuente detrás de una situación: si es divina, humana o demoníaca.

Discernir correctamente ahorra tiempo, esfuerzo y heridas espirituales.

Cita Destacada:

"El discernimiento es la vista del espíritu que evita la derrota del alma."

7. Autoridad en el Nombre de Jesús

El creyente ejerce autoridad no en su mérito, sino **en el Nombre de Cristo.**

Los demonios reconocen y se someten a ese Nombre (Hechos 16:18).

Cada vez que se usa con fe, el Reino de Dios avanza y el del enemigo retrocede.

Ese Nombre no se grita; se **proclama** con convicción.

> "El infierno reconoce autoridad, no volumen."

8. La Autoridad y la Santidad

El poder espiritual no puede mantenerse sin pureza.

Hechos 19:13-16 narra cómo unos exorcistas sin relación con Cristo fueron vencidos por los demonios.

La santidad protege la autoridad; el pecado la debilita.

El enemigo no teme al que predica, sino al que **vive lo que predica.**

Cita Destacada:

"La pureza es la contraseña de la autoridad."

9. Territorios, Ataduras y Liberación

El enemigo busca controlar **territorios, generaciones y mentalidades.**

El creyente, lleno del Espíritu, es llamado a **liberar personas, familias y ciudades.**

Jesús dijo en Lucas 4:18:

"Me ha enviado a proclamar libertad a los cautivos."

Cada liberación es una proclamación de gobierno: "¡El Reino de Dios ha llegado!"

> *"Cada cadena rota es una frontera del Reino expandida."*

10. Reflexión y Discusión

1. ¿Cuál es la diferencia entre autoridad legal y autoridad práctica?
2. ¿Por qué el diablo sigue activo si ya fue derrotado?
3. ¿Cómo puede el creyente mantener su victoria diaria?
4. ¿Qué papel juega el discernimiento en la guerra espiritual?
5. ¿Cómo se combina santidad y poder para ejercer autoridad eficaz?

11. Ejercicio Ministerial Práctico

Actividad:

Realice una sesión práctica de oración de guerra espiritual.

Los estudiantes identificarán áreas de opresión o resistencia espiritual en su entorno y orarán con autoridad, usando las Escrituras y el Nombre de Jesús.

Declare libertad sobre vidas y territorios.

Oración de Declaración:

"En el nombre poderoso de Jesús, declaro que toda fuerza de las tinieblas pierde su influencia sobre mi vida, mi casa y mi ministerio.

Rechazo el temor, la opresión y el engaño.

Proclamo la victoria del Cordero y la derrota de Satanás.

Declaro que el Reino de Dios avanza y que toda obra del enemigo es destruida.

¡Cristo reina, y Su Iglesia gobierna con Él! Amén."

Resumen del Capítulo

- El Reino de las tinieblas está organizado, pero derrotado.
- Cristo venció legalmente a Satanás en la cruz.
- El creyente ejecuta esa victoria mediante la fe y la obediencia.
- Las armas espirituales son poderosas cuando se usan con revelación.
- La santidad, el discernimiento y el Nombre de Jesús garantizan autoridad constante.

Versículo Clave para Memorizar

"Resistid al diablo, y huirá de vosotros."

Santiago 4:7

CAPÍTULO 10 - LA AUTORIDAD DEL CREYENTE EN LA PALABRA PROFÉTICA Y EL MINISTERIO DEL ESPÍRITU

"Porque no hará nada Jehová el Señor, sin que revele su secreto a sus siervos los profetas." — Amós 3:7

Introducción - Voz, Revelación y Gobierno Espiritual

El Reino de Dios avanza por **revelación**, no por especulación.

Cada movimiento de Dios en la historia comenzó con una **palabra profética** hablada por hombres y mujeres bajo la inspiración del Espíritu Santo.

El ministerio profético no existe para entretener, sino para **establecer dirección, corrección y confirmación** en el Cuerpo de Cristo.

El creyente que entiende la voz profética camina con visión y autoridad.

Cita Destacada:

"El propósito de la profecía no es predecir el futuro, sino preparar al pueblo."

1. La Naturaleza de la Palabra Profética

2 Pedro 1:21 declara: *"Porque nunca la profecía fue traída por voluntad humana, sino que los santos hombres de Dios hablaron siendo inspirados por el Espíritu Santo."*

La profecía es el **pensamiento de Dios expresado en lenguaje humano**.

Es una palabra inspirada en el momento oportuno, con propósito de edificar, exhortar y consolar (1 Corintios 14:3).

> "La profecía no nace en la mente del hombre, sino en el corazón de Dios."

2. La Autoridad de la Voz Profética

La palabra profética porta autoridad porque procede del **Trono**, no del intelecto.

Cuando Dios habla, la creación responde.

Isaías 55:11 confirma: *"Así será mi palabra... no volverá a mí vacía, sino que hará lo que yo quiero."*

Por eso, cuando un creyente habla por inspiración divina, su palabra se convierte en **instrumento de gobierno espiritual.**

Cita Destacada:

"Cada palabra profética auténtica lleva el sello del Reino."

3. Cristo - El Profeta Supremo

Hebreos 1:1-2 declara que *Dios habló en otros tiempos por los profetas, pero ahora nos ha hablado por el Hijo.*

Jesús es la Palabra viviente y la máxima expresión de la voz profética.

Todo profeta del Nuevo Pacto deriva su autoridad del **ministerio profético de Cristo.**

Él no solo habló de parte de Dios; **Él habló como Dios.**

> "La voz de Cristo no solo comunica; crea."

4. El Espíritu Santo — Administrador del Ministerio Profético

El Espíritu es quien revela, inspira y confirma la palabra profética.

1 Corintios 2:10 afirma: *"El Espíritu todo lo escudriña, aun lo profundo de Dios."*

Sin el Espíritu, no hay revelación genuina.

El creyente que vive en comunión con Él se convierte en un **canal profético constante**, capaz de percibir el corazón del Padre para cada situación.

Cita Destacada:

"El Espíritu es el puente entre la mente de Dios y la boca del hombre."

5. El Discernimiento en la Profecía

1 Tesalonicenses 5:20-21 exhorta: *"No menospreciéis las profecías; examinadlo todo; retened lo bueno."*

Toda palabra profética debe ser **probada, confirmada y juzgada** según la Escritura.

El discernimiento protege al creyente de confusión espiritual y manipulación emocional.

El verdadero profeta no busca fama, sino fidelidad.

"La profecía sin discernimiento produce inspiración sin dirección."

6. La Profecía y la Guerra Espiritual

1 Timoteo 1:18 dice: *"Te encargo... que conforme a las profecías que se hicieron antes en cuanto a ti, milites por ellas la buena milicia."*

Las palabras proféticas son armas espirituales que deben **ser peleadas, no archivadas.**

Cuando el enemigo intenta detenerte, recuerda lo que Dios ya habló.

La palabra profética es una espada, no un souvenir.

Cita Destacada:

"Las promesas se cumplen cuando se pelean, no cuando se observan."

7. La Responsabilidad del Portador de la Palabra

Jeremías 23:28 declara: *"El profeta que tuviere sueño, cuente el sueño; y aquel a quien fuere mi palabra, cuente mi palabra verdadera."*

El portador de palabra profética debe caminar en **integridad, pureza y humildad.**

Dios no respalda labios impuros ni motivos egoístas.

El mensaje del profeta debe reflejar el carácter del Mensajero.

"La pureza del canal determina la claridad del mensaje."

8. La Palabra Profética y la Edificación del Cuerpo de Cristo

1 Corintios 14:26 enseña que todo debe hacerse para edificación.

La profecía no divide; **construye.**

Su propósito es fortalecer la fe, confirmar el llamado y dirigir el propósito del pueblo de Dios.

El ministerio profético maduro trabaja en armonía con los demás dones del Espíritu.

Cita Destacada:

"La profecía madura edifica, no exhibe."

9. La Voz Profética y el Tiempo Final

Joel 2:28 profetizó: *"Y derramaré mi Espíritu sobre toda carne, y profetizarán vuestros hijos y vuestras hijas."*

Vivimos en una era donde la profecía se democratiza: el Espíritu da voz a toda la Iglesia.

El propósito no es exaltación individual, sino manifestación colectiva del Reino.

El avivamiento final será una **generación profética** que habla bajo autoridad y vive bajo obediencia.

> *"El avivamiento no es ruido; es revelación convertida en obediencia."*

10. Reflexión y Discusión

1. ¿Cuál es el verdadero propósito de la palabra profética en el Reino?
2. ¿Por qué es esencial la confirmación bíblica de toda revelación?
3. ¿Qué diferencia hay entre profecía auténtica y manipulación emocional?
4. ¿Cómo puede el creyente maduro "militar" conforme a las palabras recibidas?
5. ¿Qué caracteriza a una generación profética sana y equilibrada?

11. Ejercicio Ministerial Práctico

Actividad:

Invite a los estudiantes a un tiempo de oración y escucha espiritual.

Enséñeles a escribir lo que el Espíritu les revele conforme a la Palabra.

Luego, revisen juntos cada palabra bajo principios bíblicos de confirmación y edificación.

Oración de Declaración:

"Señor, abre mis oídos para oír Tu voz y dame un corazón humilde para obedecerla.

Líbrame del error y del orgullo espiritual.

Hazme un canal puro de Tu revelación y un mensajero fiel de Tu Palabra.

Que cada palabra que hable traiga luz, dirección y edificación al Cuerpo de Cristo.

Espíritu Santo, habla y obedezco. Amén."

Resumen del Capítulo

- La palabra profética expresa el pensamiento de Dios con propósito eterno.
- El Espíritu Santo administra, inspira y confirma el mensaje profético.
- El discernimiento y la pureza protegen la autoridad profética.
- Las palabras proféticas deben ser peleadas, no solo escuchadas.
- El ministerio profético maduro edifica el Cuerpo y prepara la Iglesia para los tiempos finales.

Versículo Clave para Memorizar

"El que profetiza habla a los hombres para edificación, exhortación y consolación."

<u>1 Corintios 14:3</u>

CAPÍTULO 11 - LA AUTORIDAD DEL CREYENTE EN LA IGLESIA Y EL MINISTERIO

"Y él mismo constituyó a unos, apóstoles; a otros, profetas; a otros, evangelistas; a otros, pastores y maestros, a fin de perfeccionar a los santos para la obra del ministerio." Efesios 4:11-12

Introducción - La Autoridad Como Servicio, No Superioridad

La autoridad dentro del cuerpo de Cristo no se ejerce como dominio, sino como **mayordomía espiritual.**

Dios establece autoridad en la Iglesia para guiar, proteger, edificar y equipar, no para controlar.

El liderazgo espiritual se mide no por el rango, sino por el grado de **responsabilidad y obediencia al Espíritu Santo.**

Cita Destacada:

"En el Reino, la autoridad no se exige; se demuestra en servicio."

1. La Iglesia: Esfera Designada de Autoridad Espiritual

Jesús declaró en **Mateo 16:18-19**:

"Edificaré mi iglesia... y a ti te daré las llaves del reino de los cielos."

La Iglesia es el agente visible del Reino invisible.

Su autoridad no proviene de estructuras humanas, sino del Cristo que la edifica.

Donde la Iglesia actúa en obediencia, el cielo respalda sus decisiones.

2. La Autoridad Delegada en el Ministerio

> *"La Iglesia no fue llamada a sobrevivir en el mundo, sino a gobernar en él."*

Dios asigna funciones ministeriales con autoridad específica:

- **Apóstoles** — establecen fundamento y dirección.
- **Profetas** — revelan la voluntad divina.
- **Evangelistas** — expanden el Reino.
- **Pastores** — cuidan y guían el rebaño.
- **Maestros** — edifican con verdad.

Cada don ministerial refleja una faceta de la autoridad de Cristo en Su Iglesia.

El abuso ocurre cuando el liderazgo deja de reflejar el corazón del Siervo.

Cita Destacada:

"El liderazgo es una corona que solo pesa cuando se lleva sin cruz."

3. La Autoridad del Pastor Espiritual

<u>**Hebreos 13:17**</u> exhorta:

"Obedeced a vuestros pastores, y sujetaos a ellos; porque ellos velan por vuestras almas."

El pastor ejerce una autoridad pastoral de cobertura, no de control.

Su responsabilidad no es imponer, sino inspirar, instruir y proteger.

El verdadero pastor guía por amor, no por manipulación.

> "La autoridad del pastor no se impone; se gana con cuidado y ejemplo."

4. La Sumisión Mutua en el Cuerpo de Cristo

<u>**Efesios 5:21**</u> enseña: *"Someteos unos a otros en el temor de Dios."*

Toda autoridad espiritual es **mutua y complementaria.**

El apóstol necesita al profeta, el pastor al maestro, el evangelista a la iglesia local.

La sumisión mutua preserva la unidad y elimina el orgullo ministerial.

Cita Destacada:

"La autoridad más fuerte es la que puede someterse."

5. La Autoridad del Creyente Común en la Iglesia

Cada creyente tiene una esfera de autoridad dentro del cuerpo:

- Orar por los enfermos (Marcos 16:18)
- Ministrar dones del Espíritu (1 Corintios 12:7)
- Enseñar y servir según la gracia recibida (Romanos 12:6-8)

El ministerio no es privilegio exclusivo de los cinco ministerios, sino **responsabilidad de todo creyente lleno del Espíritu.**

> "No todos son ministros a tiempo completo, pero todos son ministros a tiempo divino."

6. La Autoridad y la Unidad

El enemigo teme a una Iglesia unida más que a una multitud dividida.

Hechos 2:1 muestra que el Espíritu vino cuando estaban "unánimes."

La autoridad espiritual se multiplica en la unidad.

El desacuerdo continuo abre puertas al enemigo y debilita la influencia del cuerpo.

Cita Destacada:

"El poder de la Iglesia no está en la cantidad de miembros, sino en la calidad de su acuerdo."

7. La Disciplina Espiritual — Autoridad Correctiva

Mateo 18:15-17 presenta el modelo bíblico de corrección fraterna.

La disciplina en la Iglesia no es castigo, sino restauración.

Toda autoridad correctiva debe ejercerse con amor, verdad y propósito redentor.

El liderazgo que corrige con humildad mantiene el respeto espiritual y la credibilidad divina.

> "La corrección con amor restaura; la corrección sin amor destruye."

8. El Ministerio y la Autoridad del Espíritu Santo

Todo líder debe recordar que **la autoridad ministerial no reemplaza la voz del Espíritu.**

Hechos 13:2 muestra que el Espíritu dirigió la selección apostólica.

El liderazgo eficaz no gobierna desde la oficina, sino desde el altar.

La unción siempre tiene prioridad sobre la posición.

Cita Destacada:

"El liderazgo sin altar se convierte en administración sin unción."

9. La Rendición de Cuentas Espiritual

La autoridad bíblica siempre está sujeta a rendición de cuentas.

Pablo rindió cuentas a la Iglesia de Jerusalén (Hechos 15).

El líder que no rinde cuentas se aísla; el que se somete, se fortalece.

La verdadera autoridad se sostiene en la transparencia y la humildad.

> "La autoridad sin rendición de cuentas es una invitación al error."

10. Reflexión y Discusión

1. ¿Por qué la autoridad espiritual debe ejercerse con espíritu de servicio?

2. ¿Qué principios distinguen la autoridad legítima del abuso ministerial?
3. ¿Por qué la sumisión mutua fortalece la unidad del cuerpo de Cristo?
4. ¿Cómo puede cada creyente ejercer autoridad dentro de su llamado?
5. ¿Qué papel juega el Espíritu Santo en la administración del liderazgo espiritual?

11. Ejercicio Ministerial Práctico

Actividad:

Organice una mesa redonda de diálogo entre líderes y estudiantes.

Cada participante identificará su ámbito de autoridad dentro del ministerio y reflexionará sobre cómo ejercerlo con humildad y fidelidad.

Finalice con una oración de consagración y compromiso de servicio.

Oración de Declaración:

"Señor Jesús, reconozco que toda autoridad proviene de Ti.
Hoy renuevo mi compromiso de servir con humildad y fidelidad.
Hazme un líder que guía por ejemplo, no por imposición.
Que mi liderazgo refleje Tu carácter y mi autoridad Tu presencia.
Espíritu Santo, dame sabiduría para servir y fuerza para perseverar.
En el nombre de Jesús. Amén."

Resumen del Capítulo

- La autoridad en la Iglesia es mayordomía, no dominio.
- Cristo delega autoridad a través de los cinco ministerios para edificar Su Cuerpo.
- La sumisión mutua y la unidad fortalecen el gobierno

espiritual.
- La disciplina y la rendición de cuentas preservan pureza y orden.
- El liderazgo ungido sirve bajo la dirección del Espíritu y el ejemplo de Cristo.

Versículo Clave para Memorizar
"El mayor de vosotros sea vuestro siervo."
Mateo 23:11

CAPÍTULO 12 - LA AUTORIDAD DEL CREYENTE EN LA SOCIEDAD Y EL MUNDO

"Vosotros sois la sal de la tierra; pero si la sal se desvaneciere, ¿con qué será salada? Vosotros sois la luz del mundo." Mateo 5:13–14

Introducción - Del Templo al Territorio

El propósito del Reino nunca fue confinarse a las paredes de la Iglesia, sino **invadir cada esfera de la sociedad.**

El creyente no es un refugiado espiritual, sino un **embajador del cielo** en la tierra.

Dios no llama a Sus hijos a huir del mundo, sino a **transformarlo.**

La autoridad del creyente no termina en el altar; comienza en el entorno donde ejerce influencia.

Cita Destacada:

"El creyente no escapa del mundo: gobierna dentro de él."

1. El Mandato Cultural del Reino

Desde Génesis 1:28, Dios dio al hombre la orden de "sojuzgar la tierra."

Esto incluye desarrollar cultura, administrar recursos y establecer justicia.

El Reino de Dios no anula la cultura humana, sino que **la redime.**

Cada profesión, arte o vocación puede convertirse en un altar de influencia.

"El creyente no solo predica el Reino; lo modela."

2. Jesús — Modelo de Influencia en la Sociedad

Jesús enseñó en sinagogas, pero también en montes, barcos y plazas públicas.

Habló a pescadores, gobernantes, religiosos y marginados.

Él no evitó la sociedad; **la transformó desde adentro.**

Su autoridad moral fue tan fuerte que aun los enemigos reconocieron:

"¡...Jamás hombre alguno ha hablado como este hombre!" **Juan 7:46**

Cita Destacada:

"La influencia de Jesús no dependía de posición, sino de convicción."

3. El Creyente Como Embajador del Reino

2 Corintios 5:20 declara: *"Así que, somos embajadores en nombre de Cristo."*

El embajador representa a su gobierno en territorio ajeno.

No habla por sí mismo, sino en nombre de su Rey.

Esto significa que todo creyente tiene autoridad **diplomática y espiritual** para representar los intereses del Reino en el mundo.

> "El creyente no reacciona ante la cultura; responde desde el Reino."

4. Autoridad en las Siete Esferas de Influencia

Dios llama a Su pueblo a ejercer autoridad en todas las áreas de la sociedad:

Esfera	Descripción	Propósito del Creyente
Familia	Núcleo del Reino	Restaurar valores y relaciones sanas
Iglesia	Comunidad espiritual	Modelar la cultura del Reino
Educación	Formación del pensamiento	Enseñar verdad y sabiduría
Gobierno	Administración de justicia	Promover equidad y ética
Economía	Producción y recursos	Administrar con integridad
Medios	Comunicación e influencia	Expandir la verdad y esperanza
Arte y Cultura	Expresión creativa	Reflejar la belleza del Creador

Cita Destacada:
"Donde el creyente trabaja, el Reino debe avanzar."

"La autoridad espiritual sin carácter produce escándalo; con carácter, produce transformación."

5. Autoridad Moral en un Mundo Sin Principios

Daniel, José y Ester fueron ejemplos de **autoridad moral** en sociedades paganas.

Su influencia no vino de cargos, sino de carácter.

Dios los promovió porque **fueron fieles en lo pequeño**.

La integridad sigue siendo la llave del poder sostenible.

6. La Palabra y el Testimonio en el Entorno Público

Filipenses 2:15 exhorta: "Para que seáis irreprensibles... en medio de una generación maligna."

El testimonio del creyente debe ser visible, coherente y valiente.

El silencio de los justos es complicidad; la voz de los santos es reforma.

Donde el creyente calla, el enemigo legisla.

Cita Destacada:

"Predicar no siempre requiere micrófono; a veces basta una vida íntegra."

7. La Oración Intercesora por la Nación

1 Timoteo 2:1-2 ordena orar por reyes y autoridades.

La intercesión transforma atmósferas políticas y espirituales.

Antes de gobernar en la tierra, debemos **interceder en el cielo.**

La oración del justo abre puertas de justicia, rompe corrupción y establece paz.

> *"La oración no sustituye la acción, pero la acción sin oración carece de autoridad."*

8. El Evangelismo Integral

El Reino no solo busca salvar almas, sino **restaurar sistemas.**

Isaías 61:4 dice: "*Reedificarán las ruinas antiguas.*"

El evangelio no termina en el altar; continúa en las calles, escuelas y gobiernos.

El evangelismo integral lleva esperanza a cada estructura humana.

Cita Destacada:

"El evangelio no solo cambia corazones; transforma ciudades."

9. La Luz del Reino en Medio de la Oscuridad

Mateo 5:16 nos instruye: "*Así alumbre vuestra luz delante de los hombres.*"

El creyente no debe ocultarse de la cultura, sino **iluminarla.**

La oscuridad no tiene poder por sí misma; simplemente ocupa el lugar donde falta luz.

Cada acto de justicia, compasión y verdad expulsa las tinieblas del entorno.

> "La oscuridad retrocede automáticamente cuando alguien enciende la luz."

10. Reflexión y Discusión

1. ¿Qué significa ejercer autoridad fuera de las paredes de la Iglesia?
2. ¿Cómo puede el creyente influir éticamente en su profesión o comunidad?
3. ¿Por qué el carácter es indispensable para sostener autoridad pública?
4. ¿De qué manera la oración transforma la atmósfera social y política?
5. ¿Cómo podemos ser luz activa sin perder el enfoque espiritual?

11. Ejercicio Ministerial Práctico

Actividad:

Organice un taller donde los estudiantes identifiquen su esfera de influencia social (educación, gobierno, medios, familia, etc.).

Cada uno escribirá una estrategia práctica para reflejar los valores del Reino en su entorno.

Finalice con una oración profética por las naciones y las profesiones representadas.

Oración de Declaración:

"Padre, me levanto como embajador de Tu Reino en esta generación.

Declaro que soy luz en la oscuridad y sal en la tierra.

Mi trabajo, mis palabras y mis decisiones reflejarán Tu justicia.

Bendigo mi nación y declaro que Tu Reino viene sobre mi ciudad.

Que se haga Tu voluntad en la tierra como en el cielo.

En el nombre de Jesús. Amén."

Resumen del Capítulo

- El creyente es embajador del Reino en todas las esferas de la sociedad.
- La influencia espiritual debe traducirse en transformación cultural.
- El carácter y la integridad sostienen la autoridad pública.
- La oración intercesora abre caminos de justicia y paz.
- El Reino de Dios se expande cuando los santos gobiernan con propósito y servicio.

Versículo Clave para Memorizar

"Así alumbre vuestra luz delante de los hombres, para que vean vuestras buenas obras, y glorifiquen a vuestro Padre que está en los cielos."

Mateo 5:16

CAPÍTULO 13 - LA AUTORIDAD DEL CREYENTE EN LA GUERRA ESPIRITUAL

"Porque las armas de nuestra milicia no son carnales, sino poderosas en Dios para la destrucción de fortalezas." 2 Corintios 10:4

Introducción — Una Guerra Invisible con Consecuencias Reales

El creyente no vive en un campo de juego, sino en un **campo de batalla espiritual.**

El Reino de Dios avanza en territorio enemigo, y toda victoria espiritual requiere confrontación.

El propósito de la guerra espiritual no es buscar demonios, sino **mantener y expandir el dominio del Reino.**

La autoridad del creyente convierte la guerra en conquista, y la resistencia del enemigo en oportunidad de victoria.

Cita Destacada:

"La guerra espiritual no se libra desde el miedo, sino desde el trono."

1. La Naturaleza de la Guerra Espiritual

Efesios 6:12 revela la realidad del conflicto:

"No tenemos lucha contra sangre y carne, sino contra principados, potestades, gobernadores de las tinieblas..."

Esta guerra no se libra con armas humanas, sino con herramientas divinas.

El enemigo opera en el terreno de la ignorancia, el temor y la desobediencia; por eso el conocimiento y la santidad son estrategias de poder.

> "Satanás no teme a la Iglesia numerosa, sino a la Iglesia consciente."

2. La Posición del Creyente en la Batalla

Efesios 2:6 afirma que estamos "sentados juntamente con Cristo en lugares celestiales."

Esto significa que el creyente pelea **desde una posición de autoridad**, no de derrota.

No estamos rogando por victoria; estamos **haciendo cumplir** la victoria ya ganada en la cruz. La guerra espiritual efectiva comienza con identidad espiritual clara.

Cita Destacada:

"Nuestra posición en Cristo define nuestra autoridad sobre el enemigo."

3. Las Armas del Creyente

Dios ha provisto un arsenal espiritual invencible.

Cada creyente debe conocer y aplicar sus armas:

1. **La Palabra de Dios** — espada que corta mentiras (Efesios 6:17).
2. **La Oración en el Espíritu** — comunicación de comando (Efesios 6:18).
3. **La Sangre de Cristo** — base legal de victoria (Apocalipsis 12:11).
4. **El Nombre de Jesús** — autoridad judicial celestial (Marcos 16:17).
5. **La Fe** — escudo contra ataques mentales (Efesios 6:16).
6. **La Alabanza** — arma de avance y confusión del enemigo (2 Crónicas 20:22).

> "Cada promesa es un proyectil; cada oración, una orden ejecutiva del cielo."

4. Fortalezas Espirituales y Cómo Romperlas

Las **fortalezas** son sistemas de pensamiento contrarios a la verdad de Dios (2 Corintios 10:5).

Pueden manifestarse como miedo, orgullo, incredulidad, pecado o doctrinas falsas.

Romper fortalezas implica renovar la mente con la Palabra, confesar la verdad y ejercer autoridad sobre pensamientos rebeldes.

La guerra más importante ocurre **en la mente del creyente.**

Cita Destacada:

"El campo de batalla más estratégico es tu pensamiento."

5. Niveles de Confrontación Espiritual

1. **Nivel Personal:** luchas internas y tentaciones.
2. **Nivel Territorial:** opresiones sobre regiones, familias o instituciones.
3. **Nivel Estructural:** confrontación con sistemas injustos y demoníacos.

Cada nivel requiere discernimiento, pureza y respaldo del Espíritu Santo.

El creyente no enfrenta lo que no ha sido autorizado a confrontar.

> "La autoridad no se improvisa; se recibe bajo comisión divina."

6. El Papel del Espíritu Santo en la Guerra

Romanos 8:26 enseña que el Espíritu intercede con gemidos indecibles.

Él revela las estrategias del enemigo y da dirección profética en batalla.

No es el creyente quien lidera la guerra; **el Espíritu es el comandante.**

La victoria llega cuando seguimos Su guía en tiempo y palabra.

Cita Destacada:

"El Espíritu Santo no solo ora contigo; pelea contigo."

7. La Alabanza y la Adoración Como Armas de Guerra

En 2 Crónicas 20:21-22, Josafat derrotó ejércitos enemigos mientras el pueblo **cantaba y adoraba.**

La alabanza desplaza la atmósfera del enemigo y establece el trono de Dios (Salmo 22:3).

Adorar en medio de la oposición es una declaración profética de victoria anticipada.

"La adoración es el sonido del Reino avanzando."

8. La Importancia de la Santidad

El poder espiritual no puede sostenerse sin pureza.

Hechos 19:13-16 muestra que los hijos de Esceva intentaron usar el nombre de Jesús sin relación con Él.

El enemigo reconoce la autoridad legítima, no el ritual.

La santidad es el escudo invisible que protege al soldado espiritual.

Cita Destacada:

"La santidad no es debilidad; es cobertura."

9. Mantenimiento de la Victoria

Toda victoria debe mantenerse mediante disciplina espiritual.

- Perseverancia en oración y ayuno.
- Renovación diaria en la Palabra.
- Comunión con la Iglesia.
- Humildad y vigilancia constante.

1 Pedro 5:8 advierte: *"Sed sobrios y velad."*

El enemigo busca puertas abiertas; la obediencia las mantiene cerradas.

"La victoria sostenida requiere vigilancia

10. Reflexión y Discusión

1. ¿Qué diferencia hay entre pelear por victoria y pelear desde la victoria?
2. ¿Cómo se rompen las fortalezas mentales en la vida del creyente?
3. ¿Qué papel juega el Espíritu Santo en la dirección estratégica?
4. ¿Por qué la adoración es considerada un arma de guerra?
5. ¿Qué prácticas ayudan a mantener la victoria obtenida?

11. Ejercicio Ministerial Práctico

Actividad:

Dirija una sesión de oración de guerra espiritual.

Invite a los estudiantes a identificar áreas donde el enemigo ha tratado de establecer fortalezas y guiarlos a derribarlas con declaraciones de fe y pasajes bíblicos.

Incluya momentos de alabanza, proclamación y adoración profética.

Oración de Declaración:

"En el nombre poderoso de Jesús, declaro que toda fortaleza mental, emocional o espiritual se derrumba ahora.

Declaro que tengo la mente de Cristo, el poder del Espíritu y la cobertura de la sangre.

Ninguna arma forjada prosperará contra mí.

Hoy me levanto en autoridad, resisto al diablo y afirmo mi victoria en Cristo.

¡El Reino avanza y las tinieblas retroceden! Amén."

Resumen del Capítulo

- La guerra espiritual es real pero ya ganada en Cristo.
- El creyente pelea desde una posición de victoria, no de temor.
- Las armas del Espíritu son invencibles cuando se usan con revelación.
- La santidad, la adoración y la obediencia mantienen la autoridad activa.
- El Espíritu Santo guía al creyente a la victoria constante sobre las tinieblas.

Versículo Clave para Memorizar

"Someteos, pues, a Dios; resistid al diablo, y huirá de vosotros."

Santiago 4:7

CAPÍTULO 14 - LA AUTORIDAD DEL CREYENTE EN LA PALABRA Y LA CONFESIÓN DE FE

"Tened fe en Dios... porque de cierto os digo que cualquiera que dijere a este monte: Quítate y échate en el mar, y no dudare en su corazón, sino creyere que será hecho lo que dice, lo que diga le será hecho." Marcos 11:22–23

Introducción - El Poder Creativo del Hablar

Dios gobierna por Su Palabra.

Él no creó el universo con herramientas, sino con **declaraciones.**

Del mismo modo, el creyente hecho a imagen de Dios está diseñado para **gobernar mediante el hablar.**

Las palabras son semillas espirituales que producen fruto conforme a su naturaleza.

Por eso, quien entiende la autoridad de la palabra, transforma su mundo por medio de la fe.

Cita Destacada:

"El creyente gobierna su mundo por las palabras que pronuncia."

1. Dios, el Primer Confesante

Hebreos 11:3 enseña:

"Por la fe entendemos haber sido constituido el universo por la palabra de Dios."

La fe de Dios se manifestó en **Su hablar.**

Cuando Él dijo "Sea la luz," la luz fue.

Esa misma fe y ese mismo principio operan en el creyente que habla conforme a la Palabra.

> "La boca de Dios es el modelo de toda autoridad verbal."

2. La Palabra y la Fe Son Inseparables

Romanos 10:8-10 declara:

"Cerca de ti está la palabra, en tu boca y en tu corazón... si confesares con tu boca que Jesús es el Señor, y creyeres en tu corazón... serás salvo."

La fe no solo se guarda en el corazón, **se libera con la boca.**

La autoridad espiritual opera cuando la Palabra hablada coincide con la fe interna.

Cita Destacada:

"La fe silenciosa puede creer, pero solo la fe hablada puede crear."

3. La Confesión de Fe: Declarar lo Que Dios Ya Ha Dicho

Confesar significa *decir lo mismo que Dios dice.*

La autoridad del creyente no está en su opinión, sino en su alineación con la Palabra.

Cuando hablamos Su verdad, el cielo la respalda.

Toda confesión basada en la Escritura se convierte en **decreto espiritual.**

> "Confesar no es repetir frases; es acordar con el

4. Las Palabras Como Instrumentos de Gobierno

Proverbios 18:21 dice: **"La muerte y la vida están en poder de la lengua."**

El creyente administra vida o destrucción a través de su hablar.

Cada palabra tiene dirección espiritual; hacia Dios o hacia el enemigo.

La boca del creyente debe ser el canal por donde se libera la voluntad divina.

Cita Destacada:

“La lengua es el cetro invisible del creyente.”

5. La Confesión Negativa: Una Puerta Abierta al Enemigo

Israel perdió muchas batallas por su propia boca.

<u>Números 14:28</u> muestra a Dios diciendo*: “Diles: vivo yo... que según habéis hablado a mis oídos, así haré yo con vosotros.”*

Las palabras incrédulas cancelan promesas.

El enemigo no necesita armas cuando encuentra **una boca que coopera con su mentira.**

> “Lo que declaras sin fe, el enemigo usa como permiso.”

6. Jesús, Modelo de Confesión de Fe

Jesús venció al enemigo diciendo: **“Escrito está”** (Mateo 4:4).

Él no debatió, declaró.

La Palabra de Dios en Sus labios fue la espada que derribó tentaciones.

Cada creyente puede hacer lo mismo: **usar la Palabra como autoridad verbal en batalla.**

Cita Destacada:

“El diablo no teme tus emociones, pero huye de tu confesión basada en la Escritura.”

7. Hablar lo Que No Se Ve

Romanos 4:17 enseña que Dios “llama las cosas que no son como si fuesen.”

La fe ve lo invisible y lo trae al presente por medio de palabras.

Cuando declaras la Palabra en fe, estás llamando lo eterno a invadir lo temporal.

El lenguaje del Reino no describe circunstancias, **las redefine.**

"La fe no niega la realidad; la reemplaza por la verdad."

8. La Constancia en la Confesión

Hebreos 10:23 exhorta:

"Mantengamos firme, sin fluctuar, la profesión de nuestra esperanza."

La autoridad en la palabra requiere **persistencia.**

Cada confesión reafirma tu posición espiritual hasta que la manifestación ocurre.

Las promesas no se vencen; se mantienen activas mientras la boca las sostiene.

Cita Destacada:

"Lo que sigues confesando, sigues poseyendo."

9. Palabras de Bendición y Transformación

Efesios 4:29 dice:

"Ninguna palabra corrompida salga de vuestra boca, sino la que sea buena para la necesaria edificación."

El creyente tiene la autoridad de bendecir y edificar con sus palabras.

Donde otros maldicen, el creyente **declara vida.**

Cada palabra correcta libera sanidad, esperanza y propósito en otros.

"Tus palabras son semillas del futuro que estás creando."

10. Reflexión y Discusión

1. ¿Por qué hablar la Palabra es una expresión de autoridad

espiritual?
2. ¿Cuál es la diferencia entre fe silenciosa y fe hablada?
3. ¿Qué consecuencias tiene la confesión negativa?
4. ¿Por qué Jesús usó “Escrito está” como su arma verbal?
5. ¿Cómo podemos usar la Palabra para transformar nuestro entorno?

11. Ejercicio Ministerial Práctico

Actividad:

Dirija un taller de **confesión positiva bíblica.**

Invite a los estudiantes a escribir declaraciones basadas en la Palabra para diferentes áreas (salud, provisión, familia, ministerio).

Luego, declárelas juntos en voz alta, creyendo en su cumplimiento.

Oración de Declaración:

“Padre, pongo mis palabras bajo el gobierno de Tu Espíritu.

Hablo vida, fe y victoria sobre mi mente, mi cuerpo y mis circunstancias.

Rechazo toda confesión de derrota o temor.

Declaro que tengo la mente de Cristo, la autoridad de Su Palabra y la victoria de Su Nombre.

¡Lo que confieso conforme a Tu verdad, se manifestará para Tu gloria! Amén.”

Resumen del Capítulo

- La fe se activa y se manifiesta por medio de la palabra hablada.
- La confesión de fe alinea la voz del creyente con la voz de Dios.
- Las palabras son herramientas de gobierno espiritual.
- La confesión constante mantiene viva la promesa divina.
- La autoridad verbal transforma atmósferas, realidades y generaciones.

Versículo Clave para Memorizar

"Creí, por lo cual hablé; nosotros también creemos, por lo cual también hablamos."

2 Corintios 4:13

CAPÍTULO 15 - LA AUTORIDAD DEL CREYENTE EN LA INTERCESIÓN Y EL MINISTERIO DE ORACIÓN PROFÉTICA

"Y busqué entre ellos hombre que hiciese vallado y que se pusiese en la brecha delante de mí a favor de la tierra, y no lo hallé." Ezequiel 22:30

Introducción — El Intercesor: Puente Entre el Cielo y la Tierra

La intercesión es más que una oración; es **una función gubernamental del Reino.**

El intercesor se levanta como representante de los hombres ante Dios, y de Dios ante los hombres.

En la oración profética, el creyente no solo ora por necesidades, sino **ora los decretos del cielo.**

Cuando la intercesión se combina con revelación, se convierte en un arma de transformación espiritual y social.

Cita Destacada:

"La intercesión es el lenguaje de gobierno del Reino."

1. La Naturaleza Espiritual de la Intercesión

La intercesión nace del corazón de Dios.

Romanos 8:26 enseña:

"El Espíritu mismo intercede por nosotros con gemidos indecibles."

Antes de que el creyente ore, **el Espíritu ya está orando en él.**

Por eso, interceder no es convencer a Dios, sino **cooperar con Su voluntad.**

> "El intercesor no empuja al cielo; se alinea con él."

2. Cristo — Nuestro Intercesor Supremo

Hebreos 7:25 declara:

"Cristo... vive siempre para interceder por ellos."

La intercesión no comenzó con el hombre, sino con el Hijo.

Él es el modelo y mediador perfecto: un Sumo Sacerdote que ora desde el trono por Su pueblo.

Cada vez que intercedemos, **nos unimos a Su ministerio celestial.**

Cita Destacada:

"La intercesión no termina en la cruz; continúa en el trono."

3. El Espíritu Santo — El Intercesor en Nosotros

Romanos 8:27 explica que el Espíritu *"intercede por los santos conforme a la voluntad de Dios."*

Esto significa que la oración profética es guiada, no improvisada.

El Espíritu nos da **temas, palabras y cargas** que reflejan el corazón del Padre.

Cuando oramos en el Espíritu, hablamos decretos divinos con autoridad.

> "La intercesión más efectiva no se planea; se percibe."

4. El Ministerio de Oración Profética

La oración profética es una intercesión inspirada por revelación.

El intercesor no solo ora por lo que ve, sino **por lo que el Espíritu revela.**

El profeta ve el problema; el intercesor profético lo resuelve en oración.

Ambos ministerios trabajan juntos para establecer el gobierno del Reino.

Cita Destacada:

"El profeta declara, el intercesor ejecuta."

5. Los Propósitos de la Intercesión Profética

1. **Revelar la voluntad de Dios** sobre personas y territorios.
2. **Frenar el juicio** y liberar misericordia.
3. **Romper ciclos demoníacos** y liberar atmósferas.
4. **Despertar avivamiento** y reforma.
5. **Preparar el camino del Señor** en ciudades y naciones.

"La intercesión profética
no solo ora por el mundo;
lo reposiciona ante Dios."

6. La Autoridad Espiritual del Intercesor

El intercesor actúa como embajador judicial del Reino.

Mateo 18:18 declara: *"Todo lo que atéis en la tierra será atado en el cielo."*

La autoridad del intercesor no está en su emoción, sino en su posición.

Cuando el cielo y la tierra se alinean en acuerdo, **los decretos divinos se ejecutan.**

Cita Destacada:

"El intercesor habla desde la tierra, pero legisla desde el cielo."

7. La Dimensión de la Carga Espiritual

Nehemías lloró por Jerusalén antes de reconstruirla (Nehemías 1:4).

Toda intercesión verdadera nace del **peso de Dios** en el corazón del hombre.

El intercesor siente lo que el cielo siente y se convierte en voz para lo que el cielo desea.

Sin carga, la oración es ritual; con carga, es revolución.

"La intercesión sin lágrimas no cambia territorios."

8. Estrategias de Intercesión Profética

1. **Orar con la Escritura** - usar la Palabra como fundamento.
2. **Orar en el Espíritu** - permitir dirección sobrenatural.
3. **Orar con visión territorial** - identificar las áreas de influencia.
4. **Orar en unidad** - conectar con otros intercesores.
5. **Orar con acción** - combinar oración con obediencia práctica.

Cita Destacada:
"La intercesión profética ve, ora y actúa."
9. La Intercesión por Naciones y Generaciones

1 Timoteo 2:1-2 ordena orar *"por todos los hombres, por los reyes y por todos los que están en eminencia."*

Cada generación necesita voces que **intercedan entre crisis y misericordia.**

Los intercesores son guardianes espirituales de su nación.

Donde hay intercesión constante, hay preservación divina.

"Una nación sin intercesores es un territorio sin defensa."

10. Reflexión y Discusión

1. ¿Cuál es la diferencia entre la oración común y la intercesión profética?

2. ¿Por qué la intercesión es considerada una función de gobierno espiritual?
3. ¿Qué papel cumple el Espíritu Santo en la intercesión efectiva?
4. ¿Cómo se manifiesta la carga divina en el intercesor?
5. ¿Qué responsabilidad tiene la Iglesia hacia su nación mediante la intercesión?

11. Ejercicio Ministerial Práctico

Actividad:

Organice un tiempo de oración profética guiada por el Espíritu.

Invite a los estudiantes a interceder por una causa global o nacional.

Pida al Espíritu que revele temas específicos y direcciones proféticas para orar con precisión.

Oración de Declaración:

"Padre, gracias por llamarme a pararme en la brecha.

Hoy oro en el nombre de Jesús bajo la guía de Tu Espíritu.

Declaro que Tu Reino viene, que Tu justicia se establece y que Tu misericordia se extiende sobre mi nación.

Uso la autoridad que me has dado para atar la maldad y desatar Tu voluntad.

Espíritu Santo, ora a través de mí con poder y fuego.

Declaro que la intercesión profética traerá transformación, salvación y avivamiento.

¡Hágase Tu voluntad en la tierra como en el cielo! Amén."

Resumen del Capítulo

- La intercesión es un ministerio de gobierno espiritual.
- Cristo y el Espíritu Santo son los modelos supremos de intercesión.
- La oración profética ejecuta los decretos del cielo en la tierra.
- El intercesor habla con autoridad porque ora desde el trono.
- Las naciones y generaciones se preservan por la voz de

quienes oran en brecha.

Versículo Clave para Memorizar

"Y todo lo que pidiereis al Padre en mi nombre, lo haré, para que el Padre sea glorificado en el Hijo."

Juan 14:13

CAPÍTULO 16 - LA AUTORIDAD DEL CREYENTE EN LA VIDA VICTORIOSA Y EL MINISTERIO DEL REINO

"Mas a Dios gracias, el cual nos lleva siempre en triunfo en Cristo Jesús, y por medio de nosotros manifiesta en todo lugar el olor de su conocimiento."
2 Corintios 2:14

Introducción - De la Posición a la Manifestación

La autoridad del creyente no es solo una doctrina para estudiar, sino una **realidad para vivir.**

Dios no nos llamó a sobrevivir en el mundo, sino a **reinar con Cristo** en cada esfera de la vida.

La vida victoriosa no significa ausencia de problemas, sino **presencia de dominio.**

Cada batalla se convierte en oportunidad para demostrar el poder del Reino.

Cita Destacada:

"La verdadera victoria no consiste en evitar guerras, sino en gobernar en medio de ellas."

1. La Fuente de la Vida Victoriosa

1 Juan 5:4 declara:

"Porque todo lo que es nacido de Dios vence al mundo; y esta es la victoria que ha vencido al mundo, nuestra fe."

La vida victoriosa es el fruto natural de la **vida de Cristo en nosotros.**

La fe es el sistema de gobierno del Reino, y su aplicación práctica produce resultados sobrenaturales.

> "No se vive en victoria por esfuerzo, sino por permanencia en Cristo."

2. La Mentalidad del Triunfo

Proverbios 23:7 enseña: *"Porque cual es su pensamiento en su corazón, tal es él."*

La derrota comienza en la mente antes de manifestarse en la vida.

Por eso, el creyente debe desarrollar una **mentalidad de Reino:** pensar, hablar y actuar como vencedor.

Una mente renovada produce una vida transformada.

Cita Destacada:

"El pensamiento correcto precede al triunfo constante."

3. La Autoridad Aplicada al Carácter

La victoria espiritual no se mide por dones, sino por **dominio propio.**

Romanos 6:14 afirma: *"El pecado no se enseñoreará de vosotros."*

La verdadera autoridad empieza en el corazón obediente.

El carácter gobernado por el Espíritu es la base del liderazgo eficaz y del poder duradero.

> "Quien no gobierna su corazón, no puede gobernar un territorio."

4. Vencer al Enemigo Interno

Antes de conquistar ciudades, el creyente debe conquistar sus pensamientos, temores y emociones.

Gálatas 5:16 dice: *"Andad en el Espíritu, y no satisfagáis los deseos de la carne."*

El enemigo interno —la carne— es derrotado mediante rendición, no resistencia.

La cruz sigue siendo la llave de la victoria interior.

Cita Destacada:

"El creyente crucificado es el creyente invencible."

5. La Vida del Reino en la Tierra

Romanos 14:17 declara:

"El Reino de Dios no es comida ni bebida, sino justicia, paz y gozo en el Espíritu Santo."

El Reino no es un futuro lejano; es una realidad presente manifestada por creyentes llenos del Espíritu.

Cada acción justa, cada decisión guiada por el Espíritu, **extiende la frontera del Reino.**

"El Reino no avanza con discursos, sino con demostraciones."

6. Autoridad en las Circunstancias Cotidianas

La autoridad no solo se ejerce en el púlpito, sino en la vida diaria.

Jesús dormía en medio de la tormenta porque **sabía quién era.**

Cuando conoces tu posición en Dios, las circunstancias ya no definen tus emociones.

El creyente victorioso no reacciona al entorno: **lo transforma.**

Cita Destacada:

"El creyente con autoridad calma tormentas sin perder la paz."

7. La Perseverancia Como Expresión de Autoridad

Hebreos 10:36 declara: *"Porque os es necesaria la paciencia, para que habiendo hecho la voluntad de Dios, obtengáis la promesa."*

El que persevera demuestra dominio sobre el tiempo y la espera.

La paciencia no es pasividad; es autoridad sobre la impaciencia.

Dios corona a los constantes, no a los impulsivos.

"Esperar con fe es reinar sobre el tiempo."

8. La Expansión del Reino a Través del Ministerio

Mateo 28:18-20 es el mandato supremo: *"Id, y haced discípulos a todas las naciones."*

El creyente victorioso no acumula autoridad para sí, sino que la **usa para discipular.**

Cada ministerio, desde el más pequeño hasta el más visible, es una plataforma para extender el gobierno de Cristo en la tierra.

El Reino no se impone; se **imparte** por influencia espiritual.

Cita Destacada:

"La misión no termina con conversos; comienza con discípulos."

9. La Vida de Victoria Permanente

Romanos 8:37 declara:

"Antes, en todas estas cosas somos más que vencedores por medio de aquel que nos amó."

"*Más que vencedor*" significa que peleamos con la certeza de haber ganado.

La vida victoriosa no depende de la ausencia de oposición, sino de la conciencia de triunfo constante.

El enemigo no puede detener a quien sabe que ya venció.

"El creyente vencedor no teme al futuro porque ya vive desde la eternidad."

10. Reflexión y Discusión

1. ¿Qué significa vivir en victoria más allá de las circunstancias?
2. ¿Por qué el carácter es una expresión de autoridad espiritual?

3. ¿Cómo puede un creyente manifestar el Reino en su vida cotidiana?
4. ¿Qué papel juega la perseverancia en la autoridad del creyente?
5. ¿Cómo puede el ministerio convertirse en extensión práctica del Reino?

11. Ejercicio Ministerial Práctico

Actividad:

Invite a los estudiantes a escribir un "Manifiesto de Victoria" personal basado en promesas bíblicas.

Cada uno proclamará su posición de triunfo y autoridad en Cristo.

Concluya con un tiempo de adoración y proclamación colectiva.

Oración de Declaración:

"Padre, gracias porque en Cristo soy más que vencedor.

Declaro que nada me separará de Tu amor ni de Tu propósito.

Camino en autoridad, vivo en victoria y extiendo Tu Reino donde voy.

Renuncio a la derrota, el temor y la duda.

Hoy me levanto como embajador de Tu poder y portador de Tu gloria.

¡Tu Reino viene, Tu voluntad se cumple, y Tu victoria se manifiesta en mí! Amén."

Resumen del Capítulo

- La vida victoriosa es resultado de permanecer en Cristo y andar en fe.
- La mente renovada establece una mentalidad de dominio.
- La autoridad comienza en el carácter y se extiende al entorno.
- El Reino de Dios se manifiesta por justicia, paz y gozo en el Espíritu.
- El creyente victorioso vive para discipular, transformar y perseverar hasta el fin.

Versículo Clave para Memorizar

"Antes, en todas estas cosas somos más que vencedores por medio de aquel que nos amó."

Romanos 8:37

EPÍLOGO Y CONCLUSIÓN GENERAL

EL CREYENTE COMO REPRESENTANTE DEL REINO EN LA TIERRA

1. Resumen del Camino de la Autoridad

A lo largo de esta obra hemos recorrido el fundamento, el desarrollo y la aplicación de la **autoridad del creyente**.

Desde la creación hasta la cruz, y desde Pentecostés hasta hoy, Dios ha mostrado un propósito inmutable:

formar hijos y embajadores que gobiernen en Su nombre, reflejen Su carácter y manifiesten Su Reino.

- En los primeros capítulos comprendimos que **la autoridad no es humana, sino divina en su origen**.
- En Cristo, esa autoridad fue restaurada, delegada y activada en todo creyente nacido de nuevo.
- El Espíritu Santo vino a **validar, empoderar y dirigir** esa autoridad.
- La Palabra, la oración, la fe y la santidad son las herramientas que la mantienen eficaz.
- Finalmente, vimos que la autoridad del creyente no termina en la Iglesia, sino que se **extiende al mundo**: a la familia, la sociedad, la cultura y las naciones.

Cita Clave:

"La autoridad no es un privilegio del creyente maduro, sino la herencia del creyente nacido."

2. La Autoridad Como Responsabilidad

Toda autoridad implica rendición de cuentas.

Dios no nos dio poder para dominar a otros, sino para **servir, proteger y restaurar.**

El liderazgo espiritual se prueba no en los altares, sino en los actos cotidianos de humildad y obediencia.

El creyente que entiende su autoridad, **no busca reconocimiento**, sino obediencia a su llamado.

3. La Iglesia Triunfante

> "La autoridad sin amor se convierte en control; el amor sin autoridad se vuelve debilidad."

Jesús declaró:

"Edificaré mi Iglesia, y las puertas del Hades no prevalecerán contra ella." **Mateo 16:18**

La Iglesia no fue diseñada para huir del mal, sino para **invadir las tinieblas con la luz.**

Cada creyente representa un puesto de avanzada del Reino en su ciudad, trabajo y nación.

El infierno retrocede cuando el pueblo de Dios se levanta en identidad y unidad.

Cita Destacada:

"Una Iglesia que conoce su autoridad no pide permiso para avanzar."

4. El Espíritu Santo — Socio de la Autoridad

Toda manifestación de poder en el creyente proviene del Espíritu Santo.

Él guía, instruye y sostiene la vida victoriosa.

Donde hay dependencia del Espíritu, hay fruto, poder y discernimiento.

El creyente que se mantiene sensible a Su voz nunca caminará en derrota.

> "La autoridad sin el Espíritu es religión; con el Espíritu, es gobierno."

5. La Misión Continua del Creyente Victorioso

La autoridad no se ejerce para control, sino para **comisión.**

El llamado final de Cristo sigue vigente:

"Id y haced discípulos a todas las naciones." **Mateo 28:19**

El creyente victorioso entiende que su victoria personal no es el final, sino el comienzo de su misión.

Cada alma ganada, cada vida restaurada, cada ciudad transformada es evidencia de que el Reino sigue avanzando.

Cita Destacada:

"La autoridad que no se usa en misión, se estanca en intención."

6. Un Llamado al Gobierno Espiritual

Hoy, más que nunca, el Espíritu Santo está despertando a una generación de hombres y mujeres que **no se conforman con ser espectadores**, sino **embajadores del Reino.**

No están a la defensiva, sino a la ofensiva.

No oran desde la tierra esperando intervención; oran desde el cielo estableciendo decreto.

Esta generación es la Iglesia del Trono, que ora, actúa y conquista en el poder del Espíritu Santo.

> *"Dios no busca asistentes para el Reino, sino representantes de Su gobierno."*

7. Palabras Finales del Autor

La revelación de la autoridad del creyente transforma vidas, familias y ministerios.

Cuando el creyente descubre quién es en Cristo, el enemigo pierde poder, el temor se disuelve y el propósito se acelera.

No se trata de arrogancia espiritual, sino de identidad restaurada.

Cristo no murió solo para salvarnos del infierno, sino para **entronizarnos con Él** en lugares celestiales.

Cita Final:

"El Calvario nos dio perdón; Pentecostés nos devolvió autoridad."

Oración Final de Comisión

"Padre Celestial,

Gracias por revelarme mi posición en Cristo y el poder de Tu Espíritu en mí.

Hoy renuevo mi compromiso de vivir en autoridad, santidad y amor.

Me levanto como embajador de Tu Reino, portador de Tu gloria y ejecutor de Tu voluntad.

Declaro que las obras de las tinieblas retroceden donde Tu luz en mí avanza.

Que mi voz sea instrumento de justicia, mis manos canal de sanidad y mi vida testimonio de victoria.

Espíritu Santo, llena cada área de mi ser con Tu fuego y poder.

Cristo Jesús, reina en mí, habla a través de mí y vence por medio de mí.

En Tu nombre decreto: ¡El Reino de Dios se establece, y el enemigo huye!

Amén y amén."

Conclusión General

El creyente que camina en su autoridad divina vive una vida de propósito, victoria y manifestación.

Esta autoridad no depende de títulos, sino de identidad; no se gana por mérito, sino por posición en Cristo.

El mismo poder que levantó a Jesús de los muertos vive en nosotros.

Y mientras la Iglesia permanezca consciente de esa verdad, **el Reino de Dios seguirá avanzando hasta cubrir la tierra con Su gloria.**

Versículo Final:

"Porque la tierra será llena del conocimiento de la gloria de Jehová, como las aguas cubren el mar."

<u>Habacuc 2:14</u>

www.ingramcontent.com/pod-product-compliance
Lightning Source LLC
LaVergne TN
LVHW020647100826
845148LV00012B/2357

* 9 7 9 8 9 0 2 4 3 4 6 8 9 *